介護スタッフのための 医療の教科書

医療知識&お薬

■著 介護と医療研究会
■監修 川邉正和 / 川邉綾香

SHOEISHA

本書内容に関するお問い合わせについて

このたびは翔泳社の書籍をお買い上げいただき、誠にありがとうございます。弊社では、読者の皆様からのお問い合わせに適切に対応させていただくため、以下のガイドラインへのご協力をお願い致しております。下記項目をお読みいただき、手順に従ってお問い合わせください。

●ご質問される前に

弊社Webサイトの「正誤表」をご参照ください。これまでに判明した正誤や追加情報を掲載しています。

正誤表　　　https://www.shoeisha.co.jp/book/errata/

●ご質問方法

弊社Webサイトの「書籍に関するお問い合わせ」をご利用ください。

書籍に関するお問い合わせ　　https://www.shoeisha.co.jp/book/qa/

インターネットをご利用でない場合は、FAXまたは郵便にて、下記"翔泳社 愛読者サービスセンター"までお問い合わせください。
電話でのご質問は、お受けしておりません。

●回答について

回答は、ご質問いただいた手段によってご返事申し上げます。ご質問の内容によっては、回答に数日ないしはそれ以上の期間を要する場合があります。

●ご質問に際してのご注意

本書の対象を超えるもの、記述個所を特定されないもの、また読者固有の環境に起因するご質問等にはお答えできませんので、あらかじめご了承ください。

●郵便物送付先およびFAX番号

送付先住所　　〒160-0006　東京都新宿区舟町5
FAX番号　　　03-5362-3818
宛先　　　　　（株）翔泳社 愛読者サービスセンター

※本書に記載されたURL等は予告なく変更される場合があります。
※本書の記載内容は、2024年7月現在の法令等に基づいています。
※本書の出版にあたっては正確な記述につとめましたが、著者や出版社などのいずれも、本書の内容に対してなんらかの保証をするものではなく、内容やサンプルに基づくいかなる運用結果に関してもいっさいの責任を負いません。
※本書に記載されている会社名、製品名はそれぞれ各社の商標および登録商標です。

［はじめに］

　高齢化が進む現代社会において、介護現場の役割はますます重要性を増しています。介護に携わる皆さまの日々の献身的な努力と、現場での知恵と工夫に対して、心から敬意を表します。

　介護現場では、利用者一人ひとりの健康状態を的確に把握し、適切なケアを提供することが求められます。そのためには、医療に関する知識や薬の正確な情報が不可欠です。しかし、介護に従事する方々にとって、医療知識や薬の情報は必ずしも身近なものではなく、その習得には多くの時間と努力を要します。本書は、介護現場で役立つ医療知識や薬に関する情報をわかりやすくまとめ、現場で即座に役立つ内容を提供することを目的としています。

　さらに、本書は介護のプロフェッショナルだけでなく、介護を学び始めたばかりの方や、ご家族の介護に関心をお持ちの方々にも役立つよう工夫しています。医療知識や薬の理解を深めることは、利用者や家族の安全と健康を守る上で重要であり、介護者としての自信を高める助けになると信じています。皆さまが本書を活用し、日々のケアに役立てていただければ幸いです。

　本書が、皆さまの現場での支えとなり、利用者により良いケアを提供する一助となることを心から願っております。

2024年8月　川邉正和・川邉綾香

本書の使い方

実践シート

本書の読者特典として、実践シートをダウンロードしてご利用いただけます。ダウンロードページの詳細は、巻末に記載のWebサイトをご覧ください。

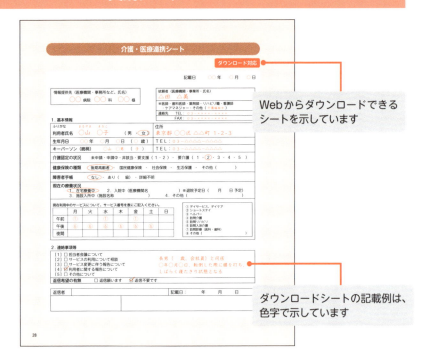

Webからダウンロードできるシートを示しています

ダウンロードシートの記載例は、色字で示しています

【注意】

※会員特典データのダウンロードには、SHOEISHA iD（翔泳社が運営する無料の会員制度）への会員登録が必要です。詳しくは、Webサイトをご覧ください。
※会員特典データに関する権利は著者および株式会社翔泳社が所有しています。許可なく配布したり、Webサイトに転載することはできません。
※会員特典データの提供は予告なく終了することがあります。あらかじめご了承ください。

ファイルにはWord形式のシートと、PDF形式のシートがあります。必要に応じて出力し、ご利用ください。Word形式のシートは、本文をご参照のうえ、ケースに応じてカスタマイズしていくとよいでしょう。見出しの横に ダウンロード対応 マークがあれば、そのシートをご用意しています。

本書の構成

本書は3つのPartで構成されています。Part1では介護職に役立つ医療の知識について、Part2では介護職が知っておきたい薬の知識について、Part3では高齢者に多い疾患について解説しています。日々のケアや、医療職との利用者情報の共有強化のためにお役立てください。

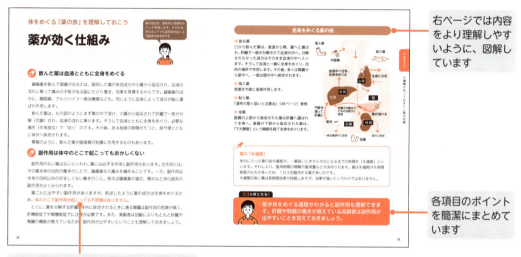

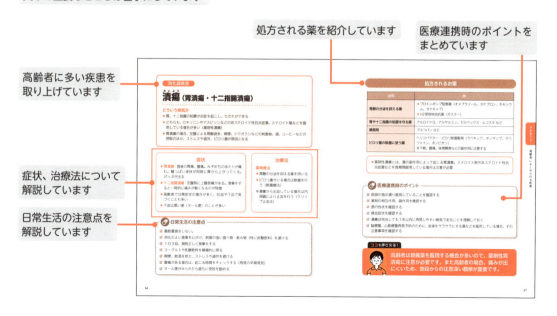

もくじ

はじめに ……………………………………………………… 3

本書の使い方 ………………………………………………… 4

PART 1
介護に役立つ医療の知識

医療と薬の知識が介護職にも求められる ………………… 12

医療と薬の知識をよりよい介護に生かす ………………… 14

とても大事な感染症予防の知識 …………………………… 16

全身の健康につながる口腔ケアの効用 …………………… 18

「医療的ケア」を安全に行うための知識 ………………… 20

知っておきたい急性疾患と慢性疾患 ……………………… 22

緊急時の対応と看取り ……………………………………… 24

Column 「医行為にあたらないもの」とは ………………… 27

ダウンロード対応 **介護医療連携シート** ………………………… 28

ダウンロード対応 **救急隊連絡シート** …………………………… 29

ダウンロード対応 **急変時報告シート** …………………………… 30

PART 2
介護職が知っておきたい薬の知識

薬の基礎知識	32
薬が効く仕組み	34
薬の正しい使い方	36
思わぬ副作用が出ることも	38
飲み合わせと食べ合わせ	40
処方されることが増えている漢方薬	42
効果的な薬物療法のために	44
服薬介助のポイントと注意点	46
湿布の取り扱いと注意点	48
飲み忘れ対策と飲み忘れたときの対応	50
薬剤師との連携	52
OTC医薬品とサプリメント	54
Column　セルフメディケーション	56

PART 3
高齢者によくみられる疾患

人体の構造と仕組み ………………………………………………… 58

消化器疾患
潰瘍（胃潰瘍・十二指腸潰瘍）………………………………… 66
逆流性食道炎 …………………………………………………… 68
感染性胃腸炎（ノロウイルスなど）………………………… 70
痔 ………………………………………………………………… 72
便秘症 …………………………………………………………… 74
腸閉塞（イレウス）…………………………………………… 76
胆石症 …………………………………………………………… 78
胆のう炎（急性、慢性）……………………………………… 80
肝炎・肝硬変 …………………………………………………… 82
鼠径ヘルニア …………………………………………………… 84

呼吸器疾患
気管支喘息 ……………………………………………………… 86
慢性閉塞性肺疾患（COPD）………………………………… 88
間質性肺炎 ……………………………………………………… 90
肺結核症 ………………………………………………………… 92
誤嚥性肺炎 ……………………………………………………… 94
肺炎球菌などによる肺炎 ……………………………………… 96

感染症疾患
かぜ症候群（インフルエンザ・コロナを含む）…………… 98
MRSA …………………………………………………………… 100
食中毒 …………………………………………………………… 102

循環器疾患
高血圧症 ………………………………………………………… 104
狭心症・心筋梗塞（虚血性心疾患）………………………… 106
不整脈 …………………………………………………………… 108

	心不全	110
	閉塞性動脈硬化症（ASO）	112
代謝・内分泌疾患	脂質異常症	114
	糖尿病	116
	高尿酸血症（痛風）	118
	甲状腺機能低下・亢進症	120
脳神経疾患	睡眠障害	122
	認知症	124
	パーキンソン病	128
	てんかん	130
	脳血管障害（脳卒中）	132
	硬膜下血腫（急性・慢性）	134
精神疾患	うつ病	136
	せん妄	138
骨・関節疾患	腰部脊柱管狭窄症	140
	骨粗しょう症	142
	関節リウマチ	144
その他の疾患	サルコペニア・廃用症候群	146
腎・泌尿器疾患	腎不全（急性・慢性）	148
	前立腺肥大症	150
	過活動膀胱（神経因性膀胱・非神経因性膀胱）	152
	尿路感染症	154
	尿路結石	156
皮膚疾患	帯状疱疹	158
	褥瘡（床ずれ）	160
	白癬（水虫）	162
	皮脂欠乏症・皮膚搔痒症・脂漏性皮膚炎	164

感覚器疾患	白内障	166
	緑内障	168
	味覚障害	170
	聴覚障害・難聴	172
	メニエール病	174

がん疾患	肺がん	176
	胃がん	178
	肝臓がん	180
	大腸がん	182
	乳がん	184
	緩和ケアのポイント	186
	がん患者の看取り	188

高齢者が気をつけたい症状	敗血症	190
	浮腫（むくみ）の原因とケア	191
	肌のトラブル・スキンテア（皮膚裂傷）	192
	脱水症	194
	熱中症	195
	低体温症	196
	貧血	197

Column 老衰でなくなる人が増えている ……………………… 198

巻末資料 知っておきたい医療用語 …………………………… 199

索引 ………………………………………………………… 206

PART 1

介護に役立つ
医療の知識

業務範囲の拡大も要因
医療と薬の知識が介護職にも求められる

知識をあいまいなままにせず、確かなものにすることでケアの質が向上。チームケアの一員としても役割を果たせます

 介護職の業務範囲が拡大し、医療や薬の知識が必要に

　病気があっても自宅や施設で療養し、住み慣れた場所で最後まで過ごす人が増える中、介護の仕事の重要性は増しています。また、介護職の業務範囲が拡大し、一部の医療的ケア（特定行為）が行えるようになったことから、介護職にも医療や薬に関する知識がある程度必要になっています。

　しかし、介護職はそうした知識を深く学ぶ機会が少なく、現場で戸惑うことも。「何となく知っている」というあいまいな知識のまま、ケアを行うことに不安を覚える人もいるでしょう。

　医療や薬に関する知識は膨大ですから、介護職がすべてを理解する必要はもちろんありませんが、基本的な知識を押さえておくだけでケアの質は大きく向上します。

利用者を支えるチームの一員として

　医師、看護師、薬剤師などの医療職、ケアマネジャーや介護福祉士、ホームヘルパーなどの介護職、そして行政の職員などが、チームを組んでケアを提供することを、「チームケア」といいます。よりよいチームケアを実践するには、それぞれの専門職がきちんと自分の役割を果たすとともに、お互いの専門性を理解することが大切です。

　他のどの職種よりも利用者の日常生活に密着している介護職の適切なケアや、タイムリーな情報提供は、在宅でも施設でも、チームケアにとって要のような存在。利用者の心身や薬の服用に関する問題にいち早く気づく機会も多くあります。「おかしいな」と思ったことを、適切に医療職へ伝えることにより、症状の悪化や薬の副作用の発現を防ぐことも可能に。チームの一員として役割を果たすためにも、医療や薬の知識が必要です。

なぜ、介護職にも医療や薬の知識が必要？

理由1 介護職の業務範囲が拡大し、医療的ケアが行えるようになった

➡ **ただし医療的ケアを行うためには、一定の研修を受けなければならない**

理由2 利用者の日常生活に密着している介護職は、利用者の体調の変化や服薬の課題などに気づきやすい

➡ **医療や薬の知識があれば、医療職へタイムリーな情報提供ができる**

理由3 多職種によるチームケアで1人の利用者を支えることが重要

➡ **チームの一員として、病気や治療を理解し、適切なケアを行う必要がある**

知識を持てば、自信を持って適切なケアを提供できる！

ココを押さえる！

あいまいな知識のままでは、質の高いケアはできません。基本的な知識があると、医療職とのスムーズな連携が可能になります。

介護職も利用者も安心
医療と薬の知識を
よりよい介護に生かす

高齢者によくみられる病気や、介護保険の特定疾病16種類を中心に、介護に直結する実践的な知識を身につけましょう

 ## いま担当している利用者の病気をまず知る

　医療や薬についての知識を身につけるなら、まずは利用者によくみられる病気や、**介護保険の対象である特定疾病16種類を中心**に、ポイントを押さえて知ることが大切です。**いま担当している利用者の病気**について、原因や症状、治療法、飲んでいる薬の特徴などを覚えましょう。それらの知識は日々のケアで役立ち、医師や看護師など医療職との連携にも活きていきます。

　誤薬や相互作用（飲み合わせ、食べ合わせ）、副作用の発見の遅れなど、知識不足が原因のトラブルは介護現場の課題にもなっていますが、介護職が利用者の病気に関心を持ち、基本的な知識を身につけることで確実に減らすことができます。

 ## 病気がわかるといろいろなことに気づける

　例えば、糖尿病の人は、失明に至る「網膜症」、人工透析が必要になる「腎障害」、激しい痛みや壊疽につながる「神経障害」といった合併症に気をつけなければなりませんが、これらはすべて血流障害によるものです。血液中の糖質が血管の壁に悪影響を及ぼすために起こるのです。食事療法や運動療法、薬物療法やインスリン療法は、血糖値をコントロールして合併症を予防するために行います。

　また、糖尿病の人は、血流障害のために傷が治りにくく、小さな足の傷が潰瘍になり、さらに壊死（組織が死んでしまうこと）へと発展して下肢の切断に至ることもあるのですが、それがわかっていれば、爪切りケアを注意深く行うことができます。靴ずれなどもすぐに医療職に伝えようという発想につながり、**重要な症状を見落とさずにすみます**。

こんなときに役立つ、医療と薬の知識

利用者さんの様子がいつもと違う。医療職に連絡すべき？

この症状、もしかして薬の副作用？

お菓子の袋がたくさん。この方、糖尿病だよね……？

薬の飲み忘れ！今から飲んでも大丈夫？

医療用麻薬を使用中のがん末期の人。どんなことに気をつければいい？

異常に気づき、適切な判断ができると、大きなトラブルを回避でき、医療職とのスムーズな連携が可能になる

朝食時、いつもの活気がない……。昨晩の睡眠導入剤が効きすぎている？

薬を飲むのに時間がかかっている……。薬剤調整を依頼してみよう！

病状の悪化防止、健康維持など、利用者の利益につながる！

ココを押さえる！

医療や薬の知識を持っていることが、危ない症状の見落としや事故の防止につながります。日頃から利用者の病気に関心を持つことが大切です。

日頃の備えが大切
とても大事な 感染症予防の知識

介護が必要な高齢者は病原体に対する抵抗力が弱く、感染すると重症化しやすいので注意が必要です

 病原体を「持ち込まない」「持ち出さない」「拡げない」が原則

「感染症」とは、細菌、ウイルス、真菌（カビなど）、寄生虫などの病原体が、人の体内に侵入することで起こる病気です。介護が必要な高齢者は体の抵抗力が弱いため、肺炎やインフルエンザ、感染性胃腸炎（ノロウイルスなど）などの一般的な病原体はもちろん、健康な人なら問題にならないような細菌やウイルスでも、感染して命を落とすことがあります。

新型コロナウイルス感染症拡大で経験したように、施設の場合は、たくさんの高齢者が生活しているため、次々にうつって感染が拡大することも少なくありません。

感染症予防の原則は、「持ち込まない」「持ち出さない」「拡げない」。そのための最も有効な対策は手洗いです。ケア前後、1ケアごとに石けんと流水による手洗い、擦式アルコール手指消毒薬による手指消毒を徹底しましょう。

 感染症かなと思ったら、すぐに上司や医療職に報告

感染対策で最も気をつけたいのは、介護職自身が感染源になることです。インフルエンザなどの流行時期は自分が感染しないように、食事前や帰宅後の手洗いやうがい、人混みでのマスクの着用などを心がけ、もし感染した場合は、他人にうつす心配がすっかりなくなるまで介護の仕事は休みましょう。在宅療養で家族がいる場合は、家族が病原体を持ち込まないように注意を促します。

地域でいまどんな感染症が流行しているかをチェックすることや、よくある感染症の感染経路、潜伏期間や症状などを理解しておくことも大切です。感染症が発生した場合は迅速な対応が必要なので、すぐに上司や医療職に報告します。

高齢者がかかりやすく、施設で集団感染しやすい感染症

感染症	特徴	感染経路	予防法
インフルエンザ（98ページ参照）	● インフルエンザウイルスに感染することで起こる ● 高齢者では肺炎を伴うなど重症化することがある	飛沫感染	● ワクチン接種 ● マスク着用、手洗い
感染性胃腸炎（70ページ参照）	● 細菌やウイルスなどの感染により、主に嘔吐・下痢の症状がみられる ● ノロウイルスは感染力が強い	接触感染	● 食品の十分な加熱 ● 手洗い
腸管出血性大腸菌感染症	● 大腸菌に汚染された食べ物を摂取することで起こる ● 原因菌としてO157が多くみられる	経口感染	● 食品の十分な加熱 ● 手洗い
疥癬（かいせん）	● ヒゼンダニが皮膚の角質層に寄生し、皮膚どうしの接触や布団などの寝具を介して感染する	接触感染	● 寝具類の共用は避ける
結核（92ページ参照）	● 感染して発病するのは約30% ● 感染すると数週間で発病することもあれば、数年経過してから発病することもある	空気感染	● 結核健診を受ける ● 免疫力をつける

※上記はあくまで一例です

感染症対策の基本は手洗い
ケア前後、1ケアごとに手指衛生を行いましょう！

目に見える汚れがないとき

擦式アルコール手指消毒薬による手指消毒

目に見える汚れがあるとき

石けんと流水による手洗い

慣れてくると正しくできなくなることもあります。改めて基本を確認しましょう

ココを押さえる！

介護者自身が感染源にならないように注意しましょう。高齢者はありふれた感染症でも命を落としてしまうことがあります。

PART 1 介護に役立つ医療の知識

口腔ケアで感染予防
全身の健康につながる口腔ケアの効用

口腔ケアの効用はむし歯や歯周病、誤嚥性肺炎の予防だけではありません。栄養状態の改善やQOLの向上にもつながります

 口の中のトラブルがさまざまな病気の原因に

　加齢とともに口の中も老化し、歯の摩耗、歯茎のやせ、唾液の分泌量の減少、あごや舌を動かす機能の低下などが起こります。その結果、さまざまな口のトラブルも発生。代表的なものが、むし歯、歯石や歯垢、歯周病、口内炎、舌苔（ぜったい）、ドライマウスなどです。また、よく知られている通り、口の中が不潔だと細菌が繁殖し、誤嚥性肺炎の原因になります。

　それだけではありません。口の中にトラブルがあると、粘膜の抵抗力が弱まり、インフルエンザなどの感染症にもかかりやすくなるのです。さらに、脳卒中や心臓病、糖尿病などの病気を引き起こすこともわかってきています。

口腔ケアは高齢者の健康を守り、QOLを向上させる

　口腔ケアには、自分で毎日行うセルフケアと、歯科医師や歯科衛生士などが行うプロフェッショナルケアがあります。介護職が援助するのはセルフケアの部分。歯ブラシを使って歯をすみずみまで磨いたり、スポンジなどで口の中の粘膜や舌をきれいにします。口腔ケアがきちんと行われていると、寝たきりの人でもピンク色の粘膜がよみがえり、食欲が増したり、表情が明るくなったりします。

　日々の口腔ケアに加え、歯石の除去や入れ歯の調整などプロフェッショナルケアが加われば、効果はさらにアップ。QOL（生活の質）が大きく向上します。

　口腔ケアは、介護の基本理念である自立支援に結びつく重要なケア。生活リズムをつくるケアでもあるので、自立を促すためにも、できることはなるべく利用者本人にしてもらうとよいでしょう。

口腔ケアの目的

① むし歯、歯周病の予防
② 口臭の予防
③ 味覚の改善
④ 唾液分泌の促進
⑤ 誤嚥性肺炎の予防
⑥ 会話などのコミュニケーションの改善
⑦ 生活のリズムを整える
⑧ 口腔機能の維持・回復につながる

認知機能の改善も期待できる

高齢者の健康を守る口腔ケアのポイント

椅子や車椅子での口腔ケア

- 深く腰かけてもらい、姿勢が安定していることを確認する
- あごが上がった状態で口腔ケアをしない
- 同じ目線の位置で口腔ケアをする（相手の上から口腔ケアをすると、あごが上がってしまうため）
- あごを手で支えてケアをする

ベッド上での口腔ケア

- ベッドをギャッジアップして、できるだけ上半身を起こした状態で行う
- 顔を横に向ける（誤嚥を防ぐため）。上半身を起こせない場合は、横向き（側臥位）で行う
- 枕やタオルを頭や首の後ろに置き、あごを少し引いた状態にして行う
- ケア中に体がずれないように、ひざや足下などにクッションを当てて安定させる

ココを押さえる！

口の中のトラブルが全身の病気や機能低下につながることがあります。毎日の丁寧な口腔ケアを積み重ねて心身の機能の向上を目指します。

事故を防ぎ効果的に実践
「医療的ケア」を安全に行うための知識

痰の吸引も経管栄養も介護の現場では日常的ですが、自信を持って安全に行うためには、確かな知識が必要です

 人体の仕組みやそのケアの目的、感染リスクを理解

　2012年から、痰の吸引（口腔内、鼻腔内、気管カニューレの内部）と経管栄養（胃ろうまたは腸ろう、経鼻経管栄養）が、<u>一定の研修を修了</u>すれば医療的ケアとして介護職も行えるようになりました。すでに実施している人も多いでしょう。

　しかし、ケア実施中の急変、観察、医療職への情報提供や連携などで、不安を感じている介護職が少なくないという調査結果もあります。そうした不安をなくすには、正しい知識と手技を身につけるしかありません。

　人体の仕組みや、何のためにそのケアを行うのか、実施にはどのようなリスクが伴うのかをまず理解しましょう。実施の際は、きちんと決まった手順で行うことが感染や事故の防止につながります。

 介護職が行える「医療的ケア」は拡大傾向に

　「医療」と「介護」の線引きは案外難しく、介護保険制度スタート後から、在宅療養の現場では介護職がどこまで行うのか議論が続いていました。そこで、厚生労働省は2005年に「医療行為でないもの」を通知。その7年後に、在宅介護の家族が日常的に行っている「痰の吸引」「経管栄養」という2つのケアが、介護職も行えるようになりました。

　厚生労働省は、介護職のさらなる業務拡大を議論しており、介護職が行える医療的ケア（27ページ参照）は今後増えていくと考えられます。そうなれば、ますます医療の知識が求められるようになると同時に、医師や看護師などの医療職との連携も密接になっていきます。

介護福祉士の医療的ケア教育と介護職員等の喀痰吸引等研修

2015年度からは介護福祉士がその業務として喀痰吸引等を行うことが可能となりました。そのため、介護福祉士の養成課程においても、医療的ケア（喀痰吸引等）に関する教育が必要になりました。基本研修（座学）の教育時間は喀痰吸引等研修の講義と同じく50時間。演習の内容も喀痰吸引等研修と同じです。

		介護福祉士	介護職員等
		医療的ケア	喀痰吸引等研修
カリキュラム	講義	基本研修 50時間以上	講義 50時間以上
	演習	喀痰吸引 ● 口腔内　5回以上 ● 鼻腔内　5回以上 ● 気管カニューレ内部　5回以上	
		経管栄養 ● 胃ろうまたは腸ろう　5回以上 ● 経鼻経管栄養　5回以上	
		救急蘇生法　1回以上	
	実地研修	喀痰吸引 ● 口腔内　10回以上 ● 鼻腔内　20回以上 ● 気管カニューレ内部　20回以上	
		経管栄養 ● 胃ろうまたは腸ろう　20回以上 ● 経鼻経管栄養　20回以上	
		※人工呼吸器装着者は別途実施	

ココを押さえる！

医療的ケアの意味や正しい手順を覚えます。実施中に異常がみられたら報告し、無理に判断しようとせず医療職に助言を求めるようにしましょう。

違いを理解して対応
知っておきたい急性疾患と慢性疾患

急性疾患と慢性疾患、急性期と慢性期の違いがわかると病気のことが理解しやすくなり、ケアの質向上にも役立ちます

急性疾患と慢性疾患の違いとは

　急性疾患とは、急激に発症する病気や、経過の短い病気の総称です。風邪やインフルエンザ、感染性胃腸炎、肺炎などのほかに、脳卒中や急性心筋梗塞といった重篤な病気があります。急性疾患は早期発見・早期治療が重要。発見が遅れると重症化したり、**ときには命に関わったりすることもあるので、兆候を見逃さないことが大切**です。一方、慢性疾患は、徐々に発症して経過も長期におよぶ病気の総称です。糖尿病や高血圧に代表される生活習慣病のほか、関節リウマチなどの自己免疫疾患、一部の肺疾患や腎臓疾患などがあげられます。慢性疾患の中にはあまり自覚症状のない病気もありますが、きちんと治療しないと進行し、いつのまにか重症化することも少なくないため注意が必要です。

1つの病気に急性期と慢性期があることも

　病気が発症したばかりで、状態がどんどん変わる時期を「急性期」、病状が安定し、再発の予防や体力の維持・回復を目指す時期を「慢性期」といいます。脳卒中などの場合は、急性期と慢性期の間に、リハビリで機能の回復を図る「回復期」があります。**回復期にリハビリを集中的に行うことで、後遺症を少なくすることが期待できます**。さらに、急性期から適切なリハビリを行うことが、早期回復につながることがわかってきたため、より早い時期からリハビリが開始されるようになっています。

　急性期、回復期、慢性期に必要な医療やケアはそれぞれ異なります。介護職が急性期の人をケアすることはほとんどありませんが、その病気の一般的な経過について知っておくようにしましょう。

急性疾患と慢性疾患の違い

急性疾患の例とそれぞれの初期症状

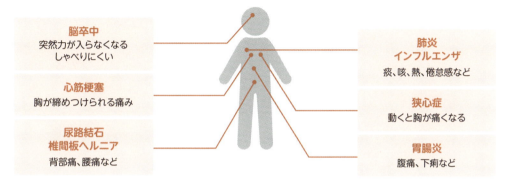

脳卒中
突然力が入らなくなる しゃべりにくい

心筋梗塞
胸が締めつけられる痛み

尿路結石 椎間板ヘルニア
背部痛、腰痛など

肺炎 インフルエンザ
痰、咳、熱、倦怠感など

狭心症
動くと胸が痛くなる

胃腸炎
腹痛、下痢など

慢性疾患の例

糖尿病、高血圧、脂質異常症などの生活習慣病、慢性閉塞性肺疾患（COPD）、慢性腎臓病（CKD）、関節リウマチ、骨粗しょう症、認知症など

1つの疾患での急性期と慢性期の違い

急性期とは
患者の病態が不安定な状態から、治療により、ある程度安定した状態に至るまでの時期

慢性期とは
病状が安定し、再発の予防や体力の維持・回復を目指す時期。
集中した治療やケアはおおむね必要なく、日常の生活を継続しながら治療やケアを受ける

ココを押さえる！

主な急性疾患の初期症状を知っておくと迅速な対応が可能になります。状態が変わる疾患では、介護職がケアをするのは慢性期の人です。

緊急時にも冷静に
緊急時の対応と看取り

病状の悪化はいつ起こるかわかりません。事前の合意に従って冷静に対処しましょう

 急変に備えて意思確認を実施

　介護を必要としている高齢者は慢性疾患を持っている場合がほとんどで、病状がいつ急変するかわかりません。病状の急変や緊急時に備えて、将来の変化に備え、医療やケアについて、利用者を主体に、家族、医療・ケアチームが繰り返し話し合い、利用者の意思決定を支援しましょう。**状態の安定しているときに意思を確認しておけば、緊急時にもあわてなくて済みます。**また、病状の変化や家族の事情により意思が揺らぐこともしばしばあります。救急搬送を希望していない利用者にも、折に触れて確認しましょう。

 緊急時の対応

　緊急の事態が発生したときには、救急車を要請して病院に搬送しなければならないことがあります。迅速な判断が必要ですから、その場合の**手順については、日頃からよく確認をしておく必要があります**。さらに、すでに心肺停止状態になっている場合には救急搬送ができないこともあります。事前の合意に従って行動すれば、トラブルを防ぐことができます。

①まず、関係者に連絡し、**複数人で対処**するようにします
②必要があれば、応急処置法を実施しながら**救急車を要請**します
③心肺停止状態になり、看取りの予定になっている場合には、**速やかに主治医に連絡**しましょう。診療継続中の疾病であれば、死亡診断書が発行できます。しかし、**遺体に異状がある場合には所轄の警察署に連絡しなければなりません**

救急車要請の判断

　事前に、**急変時の搬送先が決まっている場合や、搬送を希望している場合には、救急車を要請**します。救急搬送の基準については、消防庁の「救急お役立ちポータルサイト※」に掲載されている「救急受診ガイド」を参考にするとよいでしょう。

※総務省消防庁のホームページ：https://www.fdma.go.jp/publication/portal/

すでに死亡している場合の対応

❶ 明らかに死亡している状態の場合は、至急、家族や関係職員等へ連絡します
❷ 事前に、看取りを行うことについて家族や関係者で合意している場合には、速やかに医師へ連絡し、死亡確認と、死亡診断書の作成を依頼します
❸ 家族や看護師等により、死後の処置を行います
❹ 死亡後の関わり方は生前の本人の意思や家族の意向に沿うようにします

（参考）医師法第21条
医師は、死体又は妊娠四月以上の死産児を検案して異状があると認めたときは、二十四時間以内に所轄警察署に届け出なければならない。

緊急時の対応については、同シリーズの『急変時対応 介護スタッフのための医療の教科書』で詳しく解説しています。

こんなことがわかる
- Part1　バイタルサインの見方、救急車を呼ぶ・呼ばない判断など、「基本」がわかる！
- Part2　緊急度が高い状況（意識障害など）でやるべきこと・ダメなことがわかる！
- Part3　緊急度が中～低の状況（やけど、微熱など）でどう対応したらよいかがわかる！
- Part4　介護スタッフが知っておきたい、医療用語や看取りの基礎がわかる！

ダウンロード特典
日々の業務でつかえる実践シートつき！
- 急変時対応マニュアル（日勤用）
- 急変時対応マニュアル（当直用）
- 急変時対応マニュアル（休日用）
- 救急隊連絡シート
- 急変時報告シート

『急変時対応介護スタッフのための医療の教科書』
（介護と医療研究会著、翔泳社、2023年）

看取りの実際

人生の最終段階における医療

厚生労働省は平成27年3月に「人生の最終段階における医療の決定プロセスに関するガイドライン」を公表しました（平成30年3月に改訂）。これは、それまで「終末期医療の決定プロセスに関するガイドライン」と表記していたものを変更したもので、「最期まで尊厳を尊重した人間の生き方に着目した医療を目指す」という考え方によるものです。

看取りをする場合には、科学的・合理的な判断をした上で、回復不可能な患者に、延命を目的とせず、身体的苦痛や精神的苦痛を軽減する手厚いケアを行います。

どの職種であっても、「人生の最終段階」にある人が安らかな死を迎えられるように寄り添い、人生の質（QOL）を向上することに努めることが重要で、緩和医療の分野では、「Not doing, but being」（何もしないで、そばにいてあげなさい）が共通認識になっています。また、病状や機能の経過は疾患ごとに異なり、下の図のような病の軌跡があるとされています。

病の軌跡

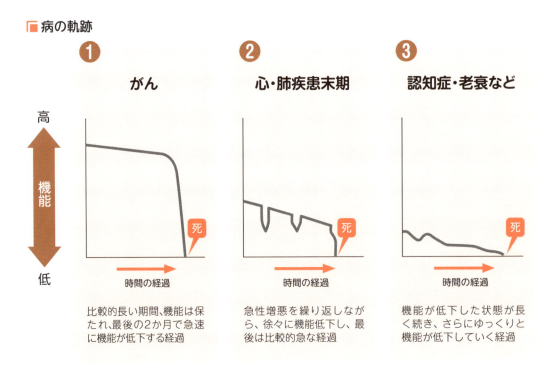

出典：Lynn j.：Serving patients who may die soon and their families,JAMA 285(7),930,2001

Column

「医行為にあたらないもの」とは

「医行為」とは、医師や看護師などの免許を持っている人が、「業」として行う行為のことです。法律（医師法第17条や保健師助産師看護師法）により、医師でなければ医業をしてはならない、また看護師でなければ療養上の世話や診察の補助を行ってはならないと定められています。介護職が医行為を行うことはできませんが、在宅介護や施設介護の現場では、医行為とそうでないものが曖昧だったため、2005年に厚生労働省が「医行為にあたらないもの」を具体的に示しました。

医行為にあたらないもの

①体温測定　②半自動血圧測定器による血圧測定

③新生児以外で入院治療の不要な者へのパルスオキシメータの装着および動脈血酸素濃度の確認

④軽微な切り傷、擦り傷、やけど等について専門的な判断や技術を必要としない処置（汚物で汚れたガーゼの交換を含む）

⑤軟膏の塗布（褥瘡の処置を除く）　⑥湿布の貼付　⑦点眼薬の点眼

⑧一包化された内用薬の内服（舌下錠の使用も含む）　⑨坐薬挿入

⑩鼻腔粘膜への薬剤噴霧の介助　⑪水虫や爪白癬にり患した爪への軟膏又は外用液の塗布

⑫吸入薬の吸入及び分包された液剤の内服の介助　⑬爪切り、爪やすりによるやすりがけ

⑭口腔ケア、有床義歯（入れ歯）の着脱及び洗浄　⑮耳垢の除去（耳垢塞栓の除去を除く）

⑯ストマ装着のパウチにたまった排泄物の廃棄（肌に接着したパウチの取り替えを除く）

⑰自己導尿の補助　⑱市販のディスポーザブルグリセリン浣腸器を用いた浣腸

⑲インスリン投与の準備、片付け　⑳持続血糖測定器のセンサーの貼付と血糖値の確認

㉑経管栄養の準備、片付け　㉒経鼻胃管栄養チューブを固定するテープの貼り替え

㉓喀痰吸引の補助　㉔在宅酸素療法の補助

㉕膀胱留置カテーテルの蓄尿バッグからの尿廃棄、尿量および尿の色の確認、チューブを固定するテープの貼り替え、医師・看護師管理下での陰部洗浄

㉖とろみ食を含む食事の介助

介護・医療連携シート

ダウンロード対応

記載日　○○ 年　○ 月　○ 日

情報提供先（医療機関・事務所など、氏名） ○○ 病院 ○○ 科 ○○ 様	依頼者（医療機関・事業所・氏名） △田　△美

※医師・歯科医師・薬剤師・リハビリ職・看護師
　・ケアマネジャー・その他（ 介護福祉士 ）

連絡先	TEL：０３－××××－××××
	FAX：０３－××××－××××

1. 基本情報

ふりがな　まるやま　まるこ 利用者氏名　○山 ○子　　（男・**女**）	住所 東京都 ○○区 △△町 1-2-3
生年月日　○○ 年　○ 月　○ 日（○ 歳）	TEL：０３－△△△△－△△△△
キーパーソン（続柄）　○山 ○男　（子）	TEL：０３－△△△△－△△△△

介護認定の状況　未申請・申請中・非該当・要支援（1・2）・ 要介護（ 1・**2**・3・4・5 ）

健康保険の種類　**後期高齢者**・ 国民健康保険 ・ 社会保険 ・ 生活保護 ・ その他（　　　）

障害者手帳　**なし**・ あり（　級）・ 詳細不明

現在の療養状況
　1.**在宅療養中**　　2. 入院中（医療機関名　　　　　　　）※退院予定日（　月　日 予定）
　3. 施設入所中（施設名称　　　　　　　）　　4. その他（　　　　　　　　　　）

現在利用中のサービスについて、サービス番号を表にご記入ください。

	月	火	水	木	金	土	日
午前	①		①		①		
午後	⑥	⑥	⑥	⑥	⑥	⑥	
夜間							

① デイサービス、デイケア
② ショートステイ
③ ヘルパー
④ 訪問介護
⑤ 訪問リハビリ
⑥ 訪問入浴介護
⑦ 訪問診療（医科・歯科）
⑧ その他（　　　　　　　）

2. 連絡事項等

[1] □ 担当者会議について [2] □ サービスの利用について相談 [3] □ サービス変更に伴う報告について [4] ☑ 利用者に関する報告について [5] □ その他について	長男（　歳、会社員）と同居 ○年○月○日、転倒した際に腰を打ち、 しばらく寝たきり状態となる

返信希望の有無　　□ 返信願います　　☑ 返信不要です

返信者		記載日：　　年　　月　　日

救急隊連絡シート

ダウンロード対応

119番通報時に伝えること

住所	
目印になる建物	電話番号

● 急変した利用者について

> わかっている箇所はあらかじめ記入しておく

利用者名		生年月日と年齢	
呼吸	あり ・ なし	ありの場合の呼吸の状態	
冷や汗	あり ・ なし		
顔色	良い ・ 悪い		
会話	できる ・ できない		
症状			

救急車到着までに用意しておくもの

□ 保険証と診察券
□ ケースファイル、看護記録、救急隊連絡シート
□ 普段飲んでいる薬とお薬手帳
□ お金、連絡用携帯電話、履物

救急隊が到着したら伝えること

● 急変してから救急隊が到着するまでの様子やその変化
● 実施した救急処置の内容、AED利用の有無
● 急変した利用者の情報
　（持病、かかりつけの病院や主治医の名前、普段飲んでいる薬、医師の指示）
● 家族と連絡がついたか

> 病院から問われるため、確認されることが多い

　　年　　　月　　　日　記録者サイン_____

PART1

介護に役立つ医療の知識

急変時報告シート

ダウンロード対応

年　　月　　日

利用者氏名			
担当		発見者	
発見時刻	：	発見場所	
主な症状			
反応の有無	あり　・　なし		
呼吸の有無	あり　・　なし		
脈拍の有無	あり　・　なし		
意識レベル			
バイタルサイン	呼吸　　　　　回／分	脈拍　　　　　回／分	血圧　　／　　mmHg
	体温　　　　　℃	SpO$_2$　　　　％	
顔色	普通　・　蒼白　・　赤い		
冷や汗	あり　・　なし		
手足の冷感	あり　・　なし		
自力歩行（普段できる人）	できる　・　できない		
119番通報	した　・　していない		
医療・福祉機関への連絡	あり　・　なし		
家族等への連絡	あり　・　なし		

急変を発見後の経過

月日・時間	症状	行った処置など	サイン

介護職が知っておきたい薬の知識

知っておくと何かと役立つ
薬の基礎知識

ひとくちに薬といっても、その目的や形はいろいろ。利用者が服用している薬の基本を理解しましょう

薬は目的別に4つに分けられ、処方薬と一般用医薬品がある

　薬には、①原因を治す薬（抗菌薬など）、②症状をやわらげる薬（解熱鎮痛薬など）、③予防のための薬（予防接種など）、④検査や診断に使われる薬（造影剤など）があります。**介護職に身近なのは①と②ですが、③や④も無縁ではありません**。①と②は、医師の処方箋が必要な「医療用医薬品」と、処方箋がなくても薬局などで買える「一般用医薬品」（市販薬）に分けられます。「一般用医薬品」はさらに細かく分類されます（右ページ参照）。

　サプリメントは薬（医薬品）ではなく、栄養補助食品や健康食品と同じ食品に分類されます（54ページ参照）。

形によって効き方が異なる

　薬の形はいろいろですが、それには意味があります。内服薬、塗り薬、点眼薬などは使いやすさが最大の特徴。内服薬でも錠剤やカプセル剤、散剤（粉薬）、シロップなどがあり、胃ですぐ溶けるものや腸で溶けるもの、ゆっくり溶けて長く効くものもあります。貼り薬も皮膚から時間をかけて吸収されます。いちばん早く効くのは注射薬です。こうした薬の特徴を理解しておきましょう。

　服薬介助で大切なことは、内服薬は必ずコップ一杯（180〜200ml程度）の水またはぬるま湯で飲むという原則を守ることです。また、**飲みにくいからといってカプセルから中身を出して飲むなどは絶対にいけません**。薬剤によっては粉砕できるものもあれば、OD錠（口腔内崩壊錠）に変更できることもあるので、飲むのが難しい場合は必ず医師や薬剤師に相談しましょう。

薬の種類

医療用医薬品 (処方薬のこと)	医師の処方箋が必要			
セルフメディケーションに利用できる医薬品 (市販薬のこと)	要指導医薬品		医療用医薬品に準じたもので、薬剤師から対面で指導、文書での情報提供を受けた上で購入できる：一部のアレルギー治療薬や胃腸薬	薬局や薬店、ドラッグストアなどで買える
	一般用医薬品 (OTC※ともいう)	第1類医薬品	薬剤師からの情報提供を受けた上で購入できる：一部のアレルギー治療薬、むくみの改善薬など	
		第2類医薬品	薬剤師または登録販売者が情報提供に努めなければならない：かぜ薬、解熱鎮痛薬など	
		第3類医薬品	薬剤師または登録販売者に、疑問点などを聞けば説明を受けられる：整腸薬、ビタミン剤など	

※OTC:「Over The Counter：オーバー・ザ・カウンター」の略。カウンター越しにお薬を販売するイメージから由来。医療用医薬品に用いられていた有効成分を、一般用医薬品に切り替えた（スイッチした）ものを「スイッチOTC」と呼び、一部のアレルギー治療薬（アレグラなど）、胃腸薬（ガスター10）、消炎鎮痛薬（ロキソニン）などがある

服薬介助の原則

内服薬は必ずコップ一杯（180～200ml程度）の水またはぬるま湯で※

※嚥下力が低下している場合には、トロミを付けると内服しやすくなる

ココを押さえる！

利用者の病気や症状と薬を結びつけて考えるようにしましょう。その薬を飲む目的がわかっていると服薬介助に自信が持てるようになります。

PART2 介護職が知っておきたい薬の知識

体をめぐる「薬の旅」を理解しておこう
薬が効く仕組み

薬の成分は、基本的に全身をめぐって作用します。そのため、体のどこででも副作用が起こる可能性があるのです

 飲んだ薬は血液とともに全身をめぐる

　鎮痛薬を飲んで頭痛が治るのは、服用した薬の有効成分が小腸から吸収され、血液の流れに乗って痛みの中枢がある脳にたどり着き、効果を発揮するからです。鎮痛薬のほかに、睡眠薬、アルツハイマー病治療薬なども、同じように血液によって成分が脳に運ばれ作用します。

　飲んだ薬は、右の図のようにまず胃の中で溶け、小腸から吸収されて肝臓で一部が分解（代謝）され、血液の流れに乗ります。そうして血液とともに全身をめぐり、必要な場所（作用部位）で"効く"のです。その後、ある程度の時間がたつと、尿や便とともに体外へ排泄されます。

　胃薬のように、飲んだ薬が直接胃の粘膜に作用するものもあります。

 副作用は体中のどこで起こってもおかしくない

　副作用のない薬はないといわれ、薬には必ず主作用と副作用があります。主作用とは、その薬本来の目的の働きのことで、鎮痛薬なら痛みを鎮めることです。一方、副作用は本来の目的以外の好ましくない働きのこと。例えば鎮痛薬の場合、胃炎など消化器系の副作用がよくみられます。

　薬ごとに出やすい副作用がありますが、前述したように薬の成分は全身をめぐるため、**体のどこで副作用が起こっても不思議はありません**。

　とくに、薬を分解する肝臓、体外に排泄されるときに通る腎臓は副作用の危険が高く、肝機能低下や腎機能低下に注意が必要です。また、高齢者は加齢によりもともと肝臓や腎臓の機能が衰えているため、副作用が出やすいということも理解しておきましょう。

全身をめぐる薬の旅

● 飲み薬
口から飲んだ薬は、食道から胃、腸へと運ばれ、肝臓で一部が分解されて血液の中へ。分解されなかった成分はそのまま血液の中へ入ります。そうして血液と一緒に全身をめぐり、目的の場所で作用します。その後、多くは腎臓から尿中へ、一部は便の中へ排泄されます。

● 吸入薬
気管支や肺に直接作用します。

● 貼り薬
「湿布の取り扱いと注意点」(48ページ) 参照

● 坐薬
直腸の上部から吸収された薬は肝臓へ運ばれて全身へ。直腸の下部から吸収された薬は、「下大静脈」という静脈を経て全身をめぐります。

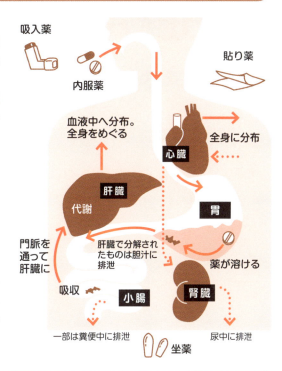

薬の「半減期」

体内に入った薬の血中濃度が、一番高いときから半分になるまでの時間を「半減期」といいます。それにより、服用時間の間隔や服用量などが決められます。薬は半減期が8時間程度のものが多いため、1日3回服用する薬が多いのです。
半減期の長い薬は長時間効果が持続しますが、効果が強いというわけではありません。

ココを押さえる！

薬が体をめぐる過程がわかると副作用も理解できます。肝臓や腎臓の働きが衰えている高齢者は副作用が出やすいことを覚えておきましょう。

薬の用法と用量を守り薬物療法を安全に

薬の正しい使い方

薬は、正しい方法で、指示された量を守って使用することが大切。服薬介助のときは、薬の用法・用量を守りましょう

 薬の効果を得るために「用法」「用量」を守る

　薬は、副作用を最低限に抑えながら、最大限の効果を発揮できるように作られています。それを生かすためには、**決められた「用法」と「用量」を守って使用することが基本**です。「用法」とは、投与する日数や回数、服用するタイミング、投与方法（飲む、貼る、点眼するなど）など、その薬の正しい使い方のことで、「用量」とは、1回分（もしくは1日分）の投与量と、1日の投与回数のことです。

　服用した薬が期待する効き目を現すかどうかは、薬の有効成分が血液中にどれくらい含まれているか（血中濃度）によって左右されます。薬の量が少ないと血中濃度が十分に上がらないので効き目が得られず、多すぎると血中濃度が高くなりすぎて副作用の危険性が増します。

 飲み忘れ、飲み間違いの対応は医師や薬剤師に確認

　服薬介助で大切なことは、まず、薬袋や薬局から発行された説明書（「お薬情報」など）に記載された「用法」「用量」を確認し、次に、本人がそれを守って使用しているのかを確認することです。

　高齢者は、薬を飲み忘れたり飲み間違えたりすることが少なくありません。そのようなとき、どう対処すればよいか（気づいた時点で飲む、1回分休薬するなど）は、薬の種類などによって異なるので、医師や薬剤師に正しい対処法を確認しておきましょう。**自己判断で誤った対処をしてしまうと、体に害を及ぼし、状態の急変を招くことにもなりかねません**。飲み忘れや飲み間違いが多くなってきたという場合は、躊躇せず医療職に報告します。

薬の「用法」「用量」と服薬するタイミング

●用法

服薬日数や、回数	例：「28日分」「3回分」など
服薬するタイミング	例：「食前」「食後」「食間」「就寝前」「頓服」など※
投与経路	例：「経口」（飲む）、「貼付」（貼る）、「塗布」（塗る）、「点眼」（目にさす）、「点鼻」（鼻の中にさす）など
投与量（ステロイド薬や注射薬など、細かい指示が必要な薬のとき）	例：「手のひら1枚分」、「手のひら2枚分」など

●用量

1回分、もしくは1日分の投与量と、1日の投与回数	例：「1回1錠　1日3回」「1回1錠　就寝前」など

●服薬するタイミング

指示	服薬するタイミング	理由
食前	食事の約30分前	食事を摂るときに効果が出るようにする（食欲増進薬、咳止めなど）
食直前	食事のすぐ前	食後すぐに効果が出るようにする（血糖値上昇を抑える薬など）
食直後	食事のすぐ後	食べ物と一緒の方が吸収されやすいため（ビタミンAなど）
食後	食事を食べ終えてから30分以内	● 食べたものの消化を助ける（消化薬） ● 胃腸をあらさない（痛み止めなど）
食間	前の食事から2時間たった頃	胃が空のときに飲む方が効果的であるため（胃粘膜保護薬など）
就寝前	寝る約30分前 （睡眠薬は寝る直前に飲むものもある）	● タイミングよく眠れるようにする（睡眠薬） ● 副作用で眠気が出るため就寝前とすることもある（抗アレルギー薬など）
頓服	痛みなどの症状が出たときに服用する	症状のあるときだけ使用する

ココを押さえる！

服薬介助を行う場合は「用法」「用量」を必ず確認しましょう。飲み忘れや飲み間違いが起きた場合は医療職と連携して対応します。

高齢者の体の特性と薬の関係を知る
思わぬ副作用が出ることも

臓器の働きが低下している高齢者の場合は、日常の服薬介助にもきめ細かな体調の観察が必要です

 ## 薬の効きすぎや、肝臓や腎臓に出る副作用に要注意

　高齢になると体の機能が全体的に衰え、薬を分解したり、体の外に排泄したりする力も弱くなります。小腸から吸収された薬は、一部が肝臓で分解（代謝）されて血液中に入りますが、肝臓の機能が低下している高齢者は分解する力が弱く、想定よりも血中濃度が高くなりすぎるために、副作用が出やすい傾向があります。

　また、分解されないままの薬が腎臓に向かうため、ただでさえ衰えている腎臓に負担がかかり、腎臓障害を起こす割合も若い人より増えます。

　一方で、小腸の吸収する力も衰えているために、薬が十分に吸収されず、期待した効果が得られないという場合もあります。

 ## 栄養状態や、多種多様な薬の併用も影響

　栄養状態も薬の効果に影響します。栄養状態が悪いと、血液の中のアルブミン（たんぱく質の一種）という成分が減ってしまいます。多くの薬は、このアルブミンと結合して働きを一時停止させるため、アルブミンが少ないと一時停止する量も減って、薬が効きすぎるというわけです。

　また、高齢者は複数の慢性的な病気を持ち、何種類もの薬を長期にわたって使用することが多いですが、薬の種類が増えるほど、相互作用によって予期せぬ副作用が現れる可能性が高くなるといわれています。多種類の薬の服用で健康上の別の問題が起こりやすくなっている状態を「ポリファーマシー」と呼び、6種類以上の薬を飲んでいる場合に該当しますが、高齢者で6種類以上の薬を飲んでいる人はめずらしくありません。さまざまな要因から副作用が起こり得るということを理解してケアにあたりましょう。

高齢者の体に対する薬の影響

高齢者の体の特性	薬の影響
肝臓や腎臓の機能が低下	● 想定よりも血中濃度が上がり、副作用が出やすい ● 肝臓や腎臓に負担がかかり、肝臓障害や腎臓障害が起こりやすい
小腸の吸収能の低下	● 薬が十分に吸収されないまま便とともに排泄されてしまい、期待した効果が得られない
低栄養 （血中アルブミン値の低下）	● アルブミンと結合した薬が働きを一時停止するという仕組みが働かず、薬が効きすぎる
複数の慢性疾患を持っている	● 何種類もの薬を長期にわたって使用することにより、飲み合わせから予期せぬ副作用が出現する可能性が増える

医師や薬剤師に、副作用に関する注意事項を確認し、心配な症状があったら早めに相談しましょう

処方される薬が6つ以上になると副作用（ふらつき、転倒、物忘れ、うつ、せん妄、食欲低下、便秘、排尿障害など）を起こす人が増えます

ココを押さえる！

高齢者は若い人よりも薬の副作用が出やすい傾向があります。何種類もの薬を飲んでいる人の場合は、とくに注意が必要です。

注意したい薬の「相互作用」
飲み合わせと食べ合わせ

薬の効き目が強くなりすぎたり、逆に弱くなることもある「相互作用」。薬剤師とも協力して防ぎましょう

思わぬ副作用が出現することもある薬の「飲み合わせ」

　Aという薬とBという薬、それぞれは問題がなくても、一緒に飲むと効きすぎて副作用が起こりやすくなったり、反対に、効き目が弱くなってしまうことがあります。これが薬の「飲み合わせ」です。処方薬と市販薬でも、予期しない反応が出ることがあります。また、**薬と食品も、組み合わせによってはよくない影響が出ることがあり、薬の「食べ合わせ」として注意が必要です。**「飲み合わせ」と「食べ合わせ」をまとめて、薬の「相互作用」といいます。

　飲み合わせでよく知られているのは、抗菌薬と胃腸薬、血液をサラサラにする薬と風邪薬、解熱鎮痛薬などです（右ページ参照）。市販薬を使用するときも、処方薬との併用で予期せぬ過剰反応や症状の悪化を招くことがあるので、飲み合わせに気をつけましょう。

日常的な食べ物、飲み物が薬の効きに影響する「食べ合わせ」

　グレープフルーツ（ジュースを含む）や納豆や青汁など、ごく日常的な食べ物や飲み物が、薬の効き目に影響を与えることも少なくありません。血圧を下げる薬の中には、グレープフルーツに含まれる成分によって効き目が強く出るものがあり、必要以上に血圧を下げてふらつきなどを招いてしまうこともあります。納豆や青汁に多く含まれるビタミンKには止血作用があり、血液をサラサラにする薬ワルファリン（ワーファリン）を飲んでいる人が摂取すると、薬の効果を弱めて血栓症（血の塊が血管をふさいでしまうこと）の危険を高めます。**相互作用に注意すべき薬がないか、薬剤師に確かめておくと安心です。**

知っておきたい薬の相互作用

こんな「飲み合わせ」に注意！

抗菌薬	×	胃腸薬
血液をサラサラにする薬	×	風邪薬、解熱鎮痛剤
鼻炎や花粉症の薬	×	胃腸薬

こんな「食べ合わせ」に注意！

グレープフルーツ（ジュースを含む）	×	一部の降圧薬（カルシウム拮抗薬）、免疫抑制薬、睡眠薬、コレステロール降下薬など
コーヒー、紅茶、緑茶など	×	消化性潰瘍※治療薬、気管支拡張薬、高尿酸血症治療薬など　※胃潰瘍など
納豆、大量の緑黄色野菜、海藻、クロレラ食品などビタミンKを多く含む食品	×	抗血栓薬、抗凝固薬
小麦麦芽、レバー、マグロの赤身、サケ、ピーナツなどビタミンB6を多く含む食品	×	パーキンソン病治療薬など
カキ、豚のレバー、ナッツ類など亜鉛が多く含まれる食品	×	降圧薬
牛乳などの乳製品	×	骨粗しょう症治療薬、抗菌薬など
酒類（アルコール）	×	解熱薬、鎮痛薬、睡眠薬など薬全般

サプリメントも注意が必要

セントジョーンズワート（ハーブの一種）	×	血液凝固防止薬など多数

お薬手帳は、医師や薬剤師が記載（シール）を見て、過去の副作用、処方の重複や相互作用がないかチェックするためのものです。病院や薬局に行くときは必ず持参して医師や薬剤師に見せ、記載して（シールを貼って）もらいましょう

PART2 介護職が知っておきたい薬の知識

ココを押さえる！

薬には「相互作用」があることを理解しましょう。相互作用の悪影響を避けるために『お薬手帳』を利用します。

漢方薬の特徴と服薬介助
処方されることが増えている漢方薬

漢方薬は、自然界にある植物や鉱物などの生薬を組み合わせてつくられています。一般の薬と同様に副作用もあります

💊 医師が処方する漢方薬や市販の漢方薬は主にエキス剤

　日本で培われた伝統的な医学、「漢方医学」で用いられる薬が漢方薬です。漢方薬は自然界にある植物や鉱物などの生薬を、何種類か組み合わせてつくります。中国の薬学が日本に伝わり、独自に発展しました。もともとは煎じ薬（生薬を水で煮出して作る液状の飲み薬）ですが、医師が出す処方薬として用いられるのは、生薬の浸出液を濃縮したエキス剤です。**保険診療が可能なものを「医療用漢方製剤」といい**、148種類が厚生労働省に承認されています（2022年10月現在）。

　風邪の初期症状や肩こりに効く葛根湯や、夜間頻尿などに効く八味地黄丸、こむら返りに効く芍薬甘草湯などは、市販薬でも有名です。

💊 生薬の重複や西洋薬との飲み合わせに注意を

　漢方薬は、西洋医学の薬では対応しきれない体調不良や不定愁訴に対して効果を発揮することも多く、西洋薬と併用されることが増えています。

　副作用がないから安心と思われがちな漢方薬ですが、そんなことはありません。たとえば、漢方薬の多くには「甘草」という生薬が含まれていますが、「甘草」が配合された漢方薬を重複して飲むと、**甘草に含まれるグリチルリチン酸の作用で、低カルシウム血症（脱力感、けいれん、脈が遅くなる）になることも**。とくに、利尿薬のフロセミドなどとの相互作用で、血液の中のカルシウムが減ってしまうことがあるため、飲み合わせにも注意が必要です。

　また、肝臓や腎臓などの機能が衰えている高齢者では、漢方薬でも西洋薬と同じように副作用が現れやすくなります。

漢方薬の基礎知識

漢方薬の特徴
- 植物や動物、鉱物など自然界にある生薬を組み合わせてつくられている
- 症状のある場所から全身まで広く作用し、その人のもつ自然治癒力を高める
- 体質や症状にもとづいて処方される
- 副作用もあり、まれにアレルギー反応を起こすこともある

漢方薬のメリット
- 西洋医学の薬では対応しきれない症状（検査で原因がわからない体調不良や不定愁訴など）に、効果が期待できる
- 西洋医学の薬と合わせて使うことで、高い効果を得られることがある

※全国の医師の8割が漢方薬を処方しているというデータも！

漢方薬の服薬介助 ワンポイントアドバイス

エキス剤は顆粒の粉ですが、最近は錠剤やカプセルのものもあり、患者さんの飲みやすさを考えてそれに応じた処方をします。漢方薬も、用法・用量を守り、相互作用を防ぐことが大切です。葛根湯など体を温める漢方薬は、お湯に溶かして飲むとより効果的です。詳しい飲み方を薬剤師に確認しましょう。

ココを押さえる！

西洋医学の薬に漢方薬を併用することが増えています。漢方薬は市販もされています。服薬状況を把握して相互作用や副作用に注意しましょう。

服薬介助のミスを防ぐには
効果的な薬物療法のために

利用者に処方されている薬を正しく把握して、ダブルチェックなどの体制を整えることが大切です

誤薬は要介護の高齢者に大きな悪影響を与える

　介護職が行う服薬介助は、薬の準備から声かけ、確認、片付けまでです。内服薬については、一包化された薬や舌下錠の服用を介助することができます。外用薬は、皮膚に軟膏を塗ること（褥瘡を除く）、皮膚に湿布を貼ること、点眼薬（目薬）の点眼、肛門からの坐薬挿入、鼻腔粘膜への薬剤噴霧が可能です。

　この中で誤薬が起こりやすいのは内服薬でしょう。種類・用量の間違いや（飲み違え）、他の利用者の薬を間違って飲ませてしまうミス（取り違え）が多いようです。要介護の高齢者、とくに施設利用者は、いくつも持病を持ち、何種類もの薬を飲んでいることが多く、一方で体力などが弱っているため、誤薬が体に与える影響も大きくなります。

　誤薬に気づいたらすぐに医療職に報告し、かかりつけ医から対応の指示をもらいましょう。とくに取り違えの場合は、迅速な医療処置が必要になることがあります。

二重三重のチェック体制と、介護職1人ひとりの理解が不可欠

　誤薬を防ぐには、まず利用者に処方されている薬を正しく把握することが重要です。何の薬を飲んでいるか、いつ服用するかなどがわかっていないと、誤薬に気づくこともできません。その上で、薬のセッティング、薬を配る、薬を飲むのを介助するという**服薬介助の過程で、ダブルチェック、トリプルチェックの体制を整えることが有効**です。マンパワー不足という問題はあるかもしれませんが、この過程を1人で行ってしまうと、最後まで気づきにくく、ミスが起こるリスクが高いのです。

　誤薬防止対策は、人が行う限りどこかでミスは起こり得るという前提で、薬カレンダーや薬袋の日付を確認し、二重三重の確認体制をとるのが基本です。

誤薬防止対策の基本

どんな職場でも起こり得るヒューマンエラーとは
人が原因で起こるミスを「ヒューマンエラー（人為的過誤）」といいます。ヒューマンエラーが起こる原因は3種類あるとされています（人の行動プロセスからの分類）。

❶「知らない」「誤った理解」
❷「知らない・誤った理解による誤った判断」
❸「自分の意思とは違った行動（うっかりミス）」「故意（わざと）」「できない」

❶は認知、❷は判断、❸は行動の誤りです。人は完璧ではなく、どんな人もミスをしてしまう可能性はあるもの。知識不足ばかりでなく、思い込みによってミスすることもあります。そして、コミュニケーションやチームワークの不足もヒューマンエラーを招くことがわかっています。誤薬もヒューマンエラーの1つ。個人の責任を追及するだけでは防げません。
介護施設・事業所全体でなぜ過誤が起きたのかを客観的に振り返り、合理的な対策を考え、必要ならマニュアル化することが大切です。「ヒヤリハット報告書」を積極的に活用し、事例を共有することは過誤の予防に有効です。小さな過誤でも報告しやすい職場づくりを目指しましょう。
万が一誤薬がわかったら、医療職への報告を迅速に行いましょう。
介護施設で事故（転落、誤嚥・窒息、誤薬など）が起こり、死亡に至った場合や、医師（施設の勤務医、配置医を含む）の診断を受け投薬、処置等何らかの治療が必要になった場合などは、5日以内に市町村へ報告する義務があります。

服薬介助を行うときの注意点
● 飲み忘れを防ぐ工夫をする
● 新しい薬が処方されときは、飲みにくさや副作用などがないか、様子をよく観察する
● 薬の保管方法を把握し、正しく保管されているか確認する
● 副作用を疑う症状に気づいたらすぐに医療者へ報告する

ココを押さえる！

薬の基本的な知識を身につけることが誤薬防止の第一歩になります。医療職とも連携し、誤薬防止の体制をつくることが必須です。

過誤や事故の防止につながる
服薬介助のポイントと注意点

たくさんの薬を服用していると薬を飲むだけで大仕事。適切な服薬介助で利用者の負担を少しでも軽くしましょう

 薬はさまざまな剤形があり、それぞれに適切な介助方法がある

　日常的な服薬という行為は、健康な人ならほとんどは自分で行うことができ、専門的な知識や技術が必要なわけではありませんが、誰かの服薬を手伝う場合、それも要介護者の場合は安全面で気をつけるべき点があります。

　薬は内服薬（内用剤）と外用薬（外用剤）に大きく分けられます[※1]。内服薬にはカプセル剤、錠剤、散薬（粉薬、顆粒薬）、液剤・シロップ剤、舌下錠などがあります。外用薬には軟膏、貼付剤（湿布など）、点眼薬、点鼻薬、坐薬、消毒薬などがあります。介護職が直接的な服薬介助を行うことができるのは、内服薬では一方化されたもの、外用薬では軟膏、湿布、点眼薬、点鼻薬、坐薬です[※2]。それぞれの服薬介助方法のポイントや注意点を十分に理解しておきましょう。

 内服薬は誤嚥に注意。外用薬は苦痛を伴わないようにすることも大切

　内服薬の服薬介助は、嚥下機能が低下しつつある利用者の場合とくに注意が必要です。準備の段階で、「お薬を飲みましょうね」としっかりと声をかけ、水や薬を誤嚥しないように体位を整えることは必須。その上で、カプセル剤や錠剤は1つずつ、散剤は少しずつ飲んでもらったりオブラートに包んだりするといった工夫をします。服薬ゼリーを利用するのもよいでしょう。

　外用薬で難しさを感じるのは点眼薬と坐薬ではないでしょうか。点眼の正しい方法を知っている人は一般的に少ないものです。一方、坐薬は入れるときに痛みを感じさせてしまったり、あとから出てきてしまったりすることも。服薬介助のポイントを押さえておくと失敗することがなくなり、利用者との信頼関係構築につながります。

※1 ほかに「注射薬（注射剤）」がある　※2 家族や看護師、介護施設からの許可が得られた場合に限られる

適切な服薬介助の方法

●内服薬
①誤嚥防止のために体位を起座位またはベッドの背を40～45度に上げる
②ぬるま湯の入ったカップを手渡す
③カプセル剤や錠剤は1つずつ飲んでもらう
- 散剤は少しずつ飲んでもらう、オブラートに包む（飲みやすい大きさにする）、ぬるま湯で溶いてスポイトを使う、服薬ゼリーを利用するなど、利用者に適した方法を薬剤師などに相談してアドバイスを受ける
- 液剤・シロップ剤は1回分をしっかり測る。成分が沈澱するものは軽く容器を振ってから
- 舌下錠は舌の下に薬を置き、飲み込まないように注意する

※片麻痺の場合は健側の口角から口腔内に薬を入れる

④飲んだあとに口腔内に薬が残っていないか確認する
⑤すぐに横にならず、30分程度は上半身を起こしておく

●外用薬（軟膏・湿布）
①患部を清潔にしてから塗る・貼る
※湿布については48ページを参照
②褥瘡などのために介護職が塗る・貼ることが難しい場合は医療職に相談する

●点眼薬
①上を向いてもらう
②下まぶたを指で軽く引き、粘膜に滴下する。その際、まつ毛やまぶたなどに点眼薬の先端が触れないように注意する
③滴下したらすぐに目を閉じて目頭を数秒間軽く押さえてもらう
※滴下後にまばたき（パチパチする）するのは間違い
※数種類ある場合は、それぞれの目薬の間隔を5分あける

●点鼻薬
噴霧するタイプ
①鼻をかんでもらう
②容器をよく振る
③片方の鼻孔をふさぎ、他方の鼻孔に容器の先端を入れ、指示されている回数噴霧する
※噴霧は容器を立てた状態で行う（横にすると十分な量が噴霧されないため）

④鼻腔内に薬を浸透させるために頭をうしろに傾け、その状態を数秒保ってもらう
⑤容器の先端をきれいに拭き取る

滴下するタイプ
①鼻をかんでもらう
②頭をうしろに傾けるか仰向けになってもらい、滴下する
③頭をうしろに傾けた状態を数秒保ってもらい、鼻腔内に薬を浸透させる
④容器の先端をきれいに拭き取る

●坐薬
①排泄後、肛門を清潔にしたのち側臥位になってもらう
②上になっている脚の股関節と膝を曲げる
③口呼吸を促し、肛門に力が入っていない状態で坐薬を挿入する
坐薬の先端にワセリンやオリーブ油などを潤滑剤として塗ったり、坐薬を早めに冷蔵庫から出して常温にしておくことも、挿入時の痛みを防ぐ効果がある
④挿入後は10～15秒ほどティッシュなどで肛門を押さえる
※介助する際は必ず使い捨て手袋を着用する

ココを押さえる！

自分が服薬介助を受けるならどうして欲しいかを考えてみましょう。薬の落下や紛失にも気をつけ、そうなった場合は医療職に報告して対応してもらいます。

十分な効果を得るための使い方
湿布の取り扱いと注意点

湿布にも種類があります。それぞれの特徴を理解し、効果的で副作用の少ない貼り方を実践しましょう

「パップ剤」よりも「テープ剤」の方がかぶれやすい

　湿布を処方されている高齢者は多いですが、正しく使用しているとは限りません。間違った使い方をすると副作用が現れることもあるので、介護職も湿布の適切な使い方と注意点を理解しておきましょう。

　湿布は「パップ剤」と「テープ剤」に分けられます。パップ剤は不織布に水分を含む薬剤が塗られたもので厚みがあります。一方、テープ剤は水分をほとんど含まない薬剤が塗られ、薄くて伸縮性に富んでいることが特徴です。**いずれも皮膚から有効成分が吸収されて効果を発揮しますが、テープ剤は粘着力が強く、かぶれやすい傾向があります。**

はがすとき、皮膚に負担をかけないように注意する

　湿布は清潔で乾燥した状態の皮膚に貼ることが大切です。皮脂による汚れや汗があると、湿布が密着しません。また、湿布には伸縮性がありますが、引っ張りすぎると皮膚に負担がかかる上にはがれやすくなるため気をつけましょう。

　高齢者の皮膚はデリケートなので、はがすときは静かにゆっくりと、皮膚に負担をかけないようにします。はがしたら、その部分に赤みやかゆみ、湿疹、腫れなどがないか確認し、異常があれば医療職に報告します。

　過度に長時間貼ったままにしたりすることはかぶれの原因になり、湿布薬の効果も十分に得られないため、用法・用量をきちんと守った使用を支援しましょう。

　皮膚に貼る薬には、湿布のほかに、がんなどの痛みに対する鎮痛薬、喘息の治療薬、更年期障害の治療薬などがあることも知っておきましょう（右ページ参照）。

湿布の正しい使用法

貼り方
- 汚れや汗を拭き取り、皮膚を乾燥させてから貼る
- 伸縮性を利用して皮膚に密着させる（伸ばしすぎに注意）
- 必要に応じてテープやネット包帯で固定する

はがし方
- 周りの皮膚を手で押さえながら、体毛の流れに沿って丁寧にはがす

その他
- 過度に長時間貼ったままにしない（用法・用量を守る）
- 湿布の貼ってある場所を過度に温めない
- 外出時、湿布を貼った部分を天候に関わらず日光に当てない
- 貼り替えるときは、はがしてから貼るまで少し時間をあけて皮膚を休ませる
- 貼った部分に赤み、かゆみ、湿疹、腫れなどがないか貼り替えのたびに確認し、異常があれば使用を中止する
- 貼っている間にかゆみなどの異常が現れた場合はすぐにはがす
- 湿布に触れた手で目や鼻、口に触らない
- 入浴時は湿布をはがし、貼った部分はぬるま湯でやさしく洗い流す

貼り薬について

貼り薬には「局所作用型」と「全身作用型」があります。関節や筋肉の痛みをやわらげる湿布は、貼った部分に作用する局所作用型です。全身作用型は、貼ったところから吸収された薬剤が全身に運ばれて作用するもので、鎮痛薬（がんの痛み、重い腰痛など）、気管支拡張薬（喘息）、女性ホルモン薬（更年期障害）などがあります。

ココを押さえる！

処方薬の湿布でもOTC医薬品の湿布でも、有効成分によっては全身の副作用が現れることもあるので、薬局から渡される「くすりのしおり」を確認しましょう。

PART2 介護職が知っておきたい薬の知識

医療職との連携で解決
飲み忘れ対策と
飲み忘れたときの対応

在宅療養の人の薬物療法で問題になることが多いのは飲み忘れ。対策の鍵は医療・介護連携にあります

 服薬介助はヘルパーや訪問看護師の訪問に合わせるとよい

　究極の「飲み忘れ対策」は、毎回、薬を手渡しして目の前で飲んでもらうことです。服薬を手助けする家族がいない一人暮らしの人などの場合は、ヘルパーや訪問看護師の訪問と、服用のタイミングを合わせることで、この対策が可能になります。しかし、ヘルパーや訪問看護師が1日に何度も訪問できるとは限りません。

　そこで、飲み忘れしやすい利用者の場合は、ケアマネに相談し、ケアマネから医師に状況を伝え、1日に飲む回数が少なくてすむ薬に変更することを検討してもらうなどしましょう。たとえば、1日2回飲んでいる高血圧の薬を、1日1回のものに変えてもらうといった具合です。1日3回よりも2回、2回よりも1回の方が飲み忘れは少なくなります。

 その人の生活パターンに合う薬を医療職と連携して探る

　その人の生活パターンに合わせた服用にすることも大切です。食事の回数や時間は人によっていろいろで、1日2食が習慣ということもあります。そのような人に、1日3回毎食後といってもなかなかうまくいきません。「食後の薬だから」と1日2回しか飲まず、大量の残薬が生じることもよくあります。

　利用者のいちばん身近なところでケアする介護職がその人の生活パターンを把握し、ケアマネに伝えることによって、利用者の生活パターンと、ヘルパーがケアに入る時間に合う薬が選択され、飲み忘れを劇的に減らせる可能性があります。

　もし飲み忘れてしまった場合は、薬の種類によって対応が異なるので、ベストの対応を医師や薬剤師に確認しましょう。

在宅療養の人の飲み忘れ対策

飲み忘れ対策のポイント

介護職の対策
1. 毎回、薬を手渡しして目の前で飲んでもらう
2. 薬の包装に、マジックで飲む日にちなどを書く
3. お薬カレンダーを利用し、飲み終わった薬の包装はお薬カレンダーのポケットに戻す
4. その人の生活パターンを把握し、服薬介助に活かす

医療職の対策
1. 複数種類の薬を飲んでいる場合は、できるだけ一包化する
2. 1日3回よりも2回、2回よりも1回の薬の方が飲み忘れは少ない
3. その人の生活パターンに合う薬を選択する

介護職と医療職が連携して飲み忘れを防ぐ！

※ 複数の医療機関を受診している場合はかかりつけの医師、薬剤師、訪問看護師、ケアマネなどによる調整が必要
※ 可能なら、かかりつけ医に一元的に薬剤の整理をしてもらう

飲み忘れてしまったときの対応

飲み忘れに気づいたときにすぐ飲んでよい薬もあるが、食前・食直後・食後・食間をきちんと守らなければならない薬もある。飲み忘れたときの対応を医師や薬剤師に確認しておくことと、わからないときは自己判断せずに必ず報告して指示を受けることが大切

ココを押さえる！

飲み忘れが起こる理由を探ることで有効な対策がとれるようになります。有効な対策を見つけるには、介護職と医療職の連携が不可欠です。

服薬介助の質を上げる

薬剤師との連携

日々の服薬介助を行う介護職と、薬剤師との情報交換・共有が、安全で効果的な薬物療法につながります

 薬剤師の職務を理解することが第一歩

　介護保険の利用者は、複数の薬を服用していることがほとんどなので、**生活面のケアを担当する介護職と薬剤師の連携は不可欠**です。しかし、直接的なやりとりはほぼケアマネジャーや看護師が行い、介護福祉士やヘルパーは薬剤師と接する機会がほとんどないかもしれません。だからといって連携しなくていいという話ではなく、ケアマネジャーや所属する介護事業所を通じて連携するなど、手段は確実にあります。

　薬剤師の役割は、「薬の適正使用」といって、薬が安全に、かつ効果的に患者さんに投与されるように管理すること。その職務をまっとうするためには、施設療養であれ在宅療養であれ、その人の生活状況や習慣を把握する必要があり、生活面のケアを担う介護職からのタイムリーで正確な情報が欠かせないのです。

 連携において薬剤師から求められていることとは

　薬剤師が介護職に求めるのは、**利用者を訪問した際の服薬介助、体調チェックとその記録、薬剤師が利用者に行っている服薬指導内容の共有、利用者が入院した際に自宅での薬の服用状況、生活背景や経済状況などの情報を提供すること**です。これらをしっかりと遂行できるように、マニュアルの作成や書類の整備、研修などに取り組みましょう。

　薬剤師は介護職から寄せられた情報をもとに、よりよい服薬管理を考えます。また、薬剤師の側も、介護保険について理解したり、ケアプランを共有したりして、介護職とコミュニケーションを深める努力をすることが求められています。

　最近は、介護職と薬剤師が連携について話し合う場を設ける地域もあります。薬剤師と交流できるような機会があれば、積極的に参加しましょう。

介護職と薬剤師の連携

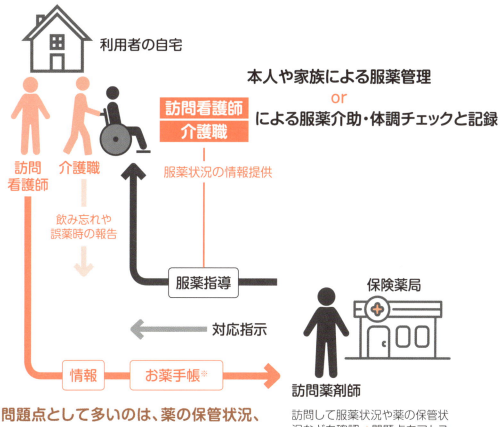

問題点として多いのは、薬の保管状況、服用薬剤の理解不足、薬の飲み忘れなど

訪問して服薬状況や薬の保管状況などを確認➡問題点をアセスメント➡改善

※調剤を受ける際、薬剤師にお薬手帳を提示することで、薬の重複や飲み合わせのチェック、アレルギー歴や副作用歴の確認などが可能となり、より安心して服薬することができる

PART2 介護職が知っておきたい薬の知識

ココを押さえる！

薬剤師をはじめとする多職種と連携することで、服薬介助の問題解決につながります。介護職が提供する服薬状況や体調などの情報が役に立ちます。

処方薬との違いを知る
OTC医薬品とサプリメント

処方薬、OTC医薬品、サプリメントの違いをしっかりと理解し、利用者に説明できるようにしましょう

薬局やドラッグストアで買える「OTC医薬品」とは

「OTC医薬品」とは、医師の処方箋なしに薬局・薬店・ドラッグストアなどで購入できる医薬品のことです。一般的には「市販薬」「家庭薬」「大衆薬」と呼ばれるもので、総合感冒薬や痛み止め、胃腸薬などが代表的です。「OTC」は「Over The Counter（オーバー・ザ・カウンター）」という英語の略で、カウンター越しにお薬を売るという販売形式に由来します。

　OTC医薬品は「要指導医薬品」と「一般用医薬品」に大きく分けられ、一般用医薬品には「第一類医薬品」「第二類医薬品」「第三類医薬品」があります。要指導医薬品は、OTC医薬品としてはじめて売り出された薬で、薬剤師が対面で症状を確認し、用法・用量、使用上の注意などを説明して販売することが義務付けられています（右ページ参照）。

OTC医薬品もサプリメントも医師の確認が必須

　サプリメントはある成分が濃縮されたもので、錠剤やカプセルなどお薬のような形をしていることも多いですが、医薬品ではなく、また医薬品の代わりでもありません。そもそも、サプリメント（supplement）は英語で「補助」「補充」といった意味です。しかし、医薬品ではないものの、医薬品の成分を含んでいるものも多く、摂りすぎるのは危険です。

　OTC医薬品もサプリメントも、医師から処方されているお薬との相互作用（飲み合わせ）で、思わぬ健康被害が生じることがあります。利用者が服用しているものはすべて把握して医療職と情報共有すること、服用を希望しているものがあれば医師に確認することが大切です。

OTC医薬品とサプリメントの分類

OTC医薬品の分類

分類		対応する専門家	販売者から購入者への説明	購入者からの相談への対応	インターネット、郵便等での販売
要指導医薬品		薬剤師	対面で書面での情報提供（義務）	義務	×
一般用医薬品	第一類医薬品		書面での情報提供（義務）		○
	第二類医薬品	薬剤師または登録販売者	努力義務		
	第三類医薬品		法律上の規定なし		

要指導医薬品
OTC医薬品としてはじめて売り出されたお薬。薬剤師が対面で、購入者（お薬を飲む人）の症状に合っているかどうかを確かめ、飲み方や注意点などをきちんと説明した上で販売することが義務付けられている

一般用医薬品
- 第一類医薬品：副作用、相互作用（飲み合わせ）などでとくに注意が必要なお薬（ロキソニンS、ガスター10、リアップ など）
- 第二類医薬品：副作用、相互作用などで注意が必要なお薬（主な総合感冒薬、バファリンA、ドリエル など）
- 第三類医薬品：第一類、第二類以外の一般用医薬品

OTC医薬品とサプリメントの違い

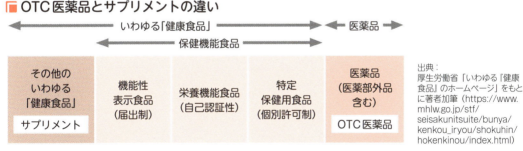

出典：
厚生労働省「いわゆる『健康食品』のホームページ」をもとに著者加筆（https://www.mhlw.go.jp/stf/seisakunitsuite/bunya/kenkou_iryou/shokuhin/hokenkinou/index.html）

ココを押さえる！

処方薬、OTC医薬品、サプリメントの区別が曖昧な人がほとんどです。何を飲んでいるか把握し、正しく使用していることを確認、副作用を見逃さないようにします。

55

Column

（ セルフメディケーション ）

　セルフメディケーションとは、「自分自身の健康に責任を持ち、軽度な身体の不調は自分で手当てすること」（WHOの定義）です。このセルフメディケーションを推進するために、日本では「セルフメディケーション税制」という制度を設けています。具体的には、特定のOTC医薬品の購入額が年間1万2,000円を超える場合に、超えた分の金額（8万8,000円まで）について、その年の総所得金額から控除を受けることができます。

　セルフメディケーション税制の対象となるOTC医薬品は、購入した際の領収書（レシート）に対象医薬品であることが明記されています。また、一部の対象医薬品のパッケージには、セルフメディケーション税制の識別マークが掲載されています。制度を利用するためには、「健康の保持増進及び疾病の予防に関する一定の取組」を行っていることを証明する書類が必要です。

「健康の保持増進及び疾病の予防に関する一定の取組」とは
① 保険者（健康保険組合等）が実施する健康診査（人間ドック、各種健（検）診等）
② 市区町村が健康増進事業として行う健康診査
③ 予防接種（定期接種、インフルエンザワクチンの予防接種）
④ 勤務先で実施する定期健康診断（事業主検診）
⑤ 特定健康診査（いわゆるメタボ検診）、特定保健指導
⑥ 市区町村が健康増進事業として実施するがん検診

セルフメディケーション税制対象医薬品の識別マーク

出典：「セルフメディケーション税制とは」（国税庁）

　これらを受けたことを証明する書類（結果通知書、領収書など）と、対象となるOTC医薬品の領収書（レシート）を、確定申告の際に提出することにより、セルフメディケーション税制を利用することができます。

PART 3

高齢者に
よくみられる疾患

人体の構造と仕組み

人の体の構造と仕組みを知っておくと、病気を理解するのに役立ちます。
ここでは、心臓、消化器、呼吸器、尿路、脊柱について簡単に解説します

心臓・血管

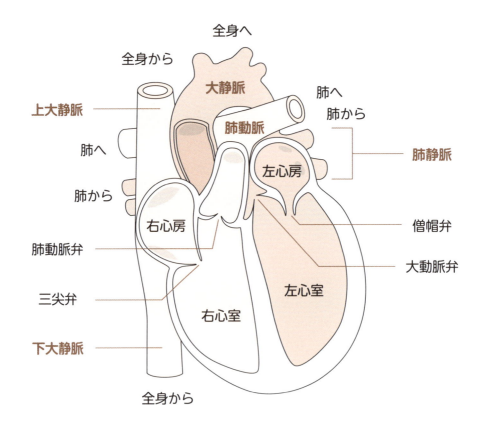

58

心臓は全身に血液を送り出すポンプです。右心房、右心室、左心房、左心室という4つの部屋を持っています。肺で酸素を取り込んだ動脈血は、左心房から入って左心室を通り大動脈へ、上大静脈と下大静脈で戻ってきた静脈血は、右心房から入って右心室を通り肺へと向かいます。

上大静脈
頭部や上半身の血液を心臓に戻す静脈

下大静脈
内臓や下半身の血液を心臓に戻す静脈。人体で最大の静脈である

大動脈
全身に血液を送り出す、人体で最大の動脈。左心室から上方に出て、大動脈弓と呼ばれる曲線を形成して下降し、総腸骨動脈の分岐点に終わる

肺動脈
二酸化炭素や老廃物を回収して、戻ってきた血液を肺に送る血管。静脈血が流れている

肺静脈
肺で酸素を取り込んだ新鮮な血液を心臓に運ぶ血管。動脈血が流れている

循環器疾患 ➡ 106ページ

PART3 高齢者によくみられる疾患

消化器

　食物の消化や吸収に関わる器官です。食道、胃、十二指腸までを上部消化管、小腸（空腸、回腸）、大腸（盲腸、結腸、直腸）、肛門までを下部消化管といいます。膵臓、胆のう、肝臓は、一般的に肝胆膵系と呼ばれます。

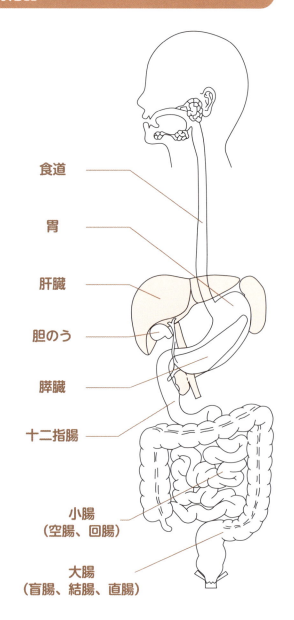

食道 / 胃 / 肝臓 / 胆のう / 膵臓 / 十二指腸 / 小腸（空腸、回腸）/ 大腸（盲腸、結腸、直腸）

食道

咽頭から胃に至る筋肉の管。成人の場合、長さは約25～30cm、直径は約2～3cm、食道の壁の厚さは約4mm。食物を飲み込むと、重力と食道の筋肉の動きで胃に送り込まれる

胃

食道から入ってきた食べ物をため、消化の第一段階を行う筋肉でできた袋状の臓器。空腹時は50～100mℓだが、満腹時は1.5～1.8ℓに。ペプシンという消化液でタンパク質を分解する。胃の入口を噴門、出口を幽門という

十二指腸

胃である程度消化された食べ物が十二指腸に入るとさまざまなホルモンが分泌され、その作用によって消化液の胆汁と膵液が十二指腸に流れ込む

小腸（空腸、回腸）

胃や十二指腸で消化された食べ物をさらに分解し、栄養を吸収する臓器。小腸液にはさまざまな消化酵素が含まれる

大腸（盲腸、結腸、直腸）

水分やミネラルを吸収するとともに、便をつくって溜めておく臓器。結腸は、上行結腸、横行結腸、下行結腸、S状結腸に分けられる

肝臓

脂肪を消化するのに必要な胆汁をつくるほか、ブドウ糖を貯えておき、必要なときにエネルギー源として放出するなど、さまざまな物質をその都度体に必要な物資につくり変える。また、体に害のある物質を解毒する働きもある

胆のう

肝臓でつくられた胆汁を一時貯蔵する臓器で、肝臓、膵臓、十二指腸とは管でつながっている

膵臓

膵液という消化液をつくって十二指腸に送り出す。膵液は弱アルカリ性で、胃酸で酸性になった食べ物を中和する役割も。長さは約20cm。膵臓のランゲルハンス島では、血液中の糖分を調節するインスリンがつくられる

消化器疾患 ➡ 66ページ

呼吸器

体に必要な酸素を取り入れ、不要な二酸化炭素を排出する呼吸を行う器官です。鼻腔、副鼻腔、咽頭、喉頭までを上気道、気管、気管支、肺を下気道といいます。

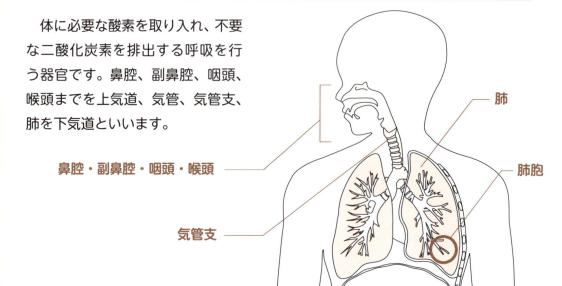

鼻腔・副鼻腔・咽頭・喉頭

上気道の役割は、吸い込んだ空気を加湿、加温、浄化すること。咽頭には細菌やウイルスなどの侵入を防ぐリンパ組織の扁桃がある。また、咽頭は耳管という管で中耳につながっている

肺

肺は左右2つあり、右肺は上葉、中葉、下葉の3つに、左肺は上葉と下葉の2つに分かれている。肺の中で気管支は細かく分かれ、その先には肺胞がある

肺胞

ぶどうの房のような袋状の器官。網目のように毛細血管があり、ここで酸素と二酸化炭素が交換される（ガス交換）。肺は肺胞の集まりである

呼吸器疾患 ➡ 86ページ

腎臓と尿路

　尿は腎臓でつくられ、尿管を通って膀胱にたまります。腎臓は左右2つあり、それぞれから尿管が出て膀胱につながっています。

腎臓
血液をろ過して、体に不要な水分や成分、老廃物を尿にする。腎実質に囲まれたすき間に、尿路の一部でもある腎盂と腎杯がある。腎臓には血圧や体液のバランスを調節する働きもする

尿管
腎臓でつくられた尿は、腎杯から腎盂に集まり、尿路を経て膀胱へと送られる。尿管の長さは約25〜30cm

膀胱
筋肉でできた袋状の臓器で、尿をためて排尿の準備をする。尿が150〜200mlほどたまると尿意を感じる

尿道
膀胱から尿道口に至る管。長さは、男性で16〜20cm、女性で4〜5cm。女性は尿道が短くまっすぐであり、また尿道口が膣や肛門と近接しているため、膀胱炎などの尿路感染症が起こりやすい

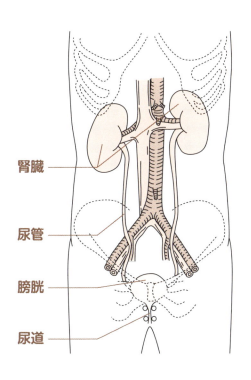

腎臓／尿管／膀胱／尿道

腎・泌尿器疾患 ➡ 148ページ

脊柱、脊椎、脊髄

　脊柱(背骨)は脊椎動物の体を支えるまさに柱です。脊柱は脊椎という骨が連結してできており、人の場合は7個の頸椎、12個の胸椎、5個の腰椎、5個の仙椎(仙骨)、3～5個の尾椎(尾骨)から成ります。脊柱には脊柱管というトンネルがあり、その中を、脳から延びる脊髄という中枢神経が走っています。

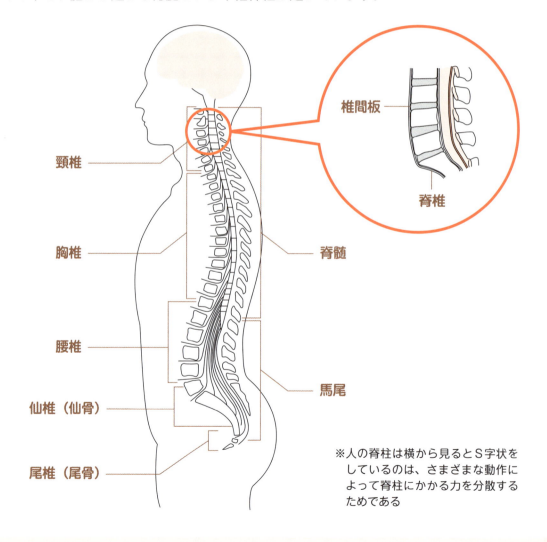

※人の脊柱は横から見るとS字状をしているのは、さまざまな動作によって脊柱にかかる力を分散するためである

椎間板 脊椎と脊椎の間にあり、クッションのような働きをしている。椎間板は固い線維輪とその中央にあるゲル状の髄核から成る

頸椎 首の部分の脊柱で7個ある

胸椎 胸の部分の脊柱で12個ある

腰椎 腰の部分の脊柱で5個ある

仙椎（仙骨） 5個の脊椎から成るが、仙骨としてひとかたまりになっている

尾椎（尾骨） 3～5個の脊椎から成るが、尾骨としてひとかたまりになっている

脊椎 脊柱を構成する1つひとつの骨

脊髄 脳から延びている神経の束。脊柱管の途中で左右に枝分かれしていく

馬尾 脊髄は第2腰椎から下の部分でばらけ、馬のしっぽのように見えることから馬尾と呼ばれる

PART3

高齢者によくみられる疾患

脳神経疾患 ➡ 122ページ

骨・関節疾患 ➡ 140ページ

消化器疾患

潰瘍 (胃潰瘍・十二指腸潰瘍)
かいよう

どういう病気か
- 胃、十二指腸の粘膜が炎症を起こし、ただれができる
- どちらも、ロキソニンやアスピリンなどの非ステロイド性抗炎症薬、ステロイド薬などを服用している場合が多い（薬剤性潰瘍）
- 胃潰瘍の場合、空腹による胃酸過多、喫煙、トウガラシなどの刺激物、酒、コーヒーなどの摂取のほか、ストレスや過労、ピロリ菌が原因となる

症状
- **胃潰瘍**：食後の胃痛、腹痛。みぞおちのあたりが痛む。酸っぱい液体が同時に胃から上がってくる。げっぷが出る
- **十二指腸潰瘍**：空腹時に上腹部痛がある。食事をすると一時的に痛みが軽くなるのが特徴
- 高齢者では無症状の場合が多く、吐血や下血で気づくことも多い
- 下血は黒い便（タール便）のことが多い

治療法
薬物療法
- 胃酸の分泌を抑える薬を用いる
- ピロリ菌がいる場合は除菌を行う（除菌療法）
- ※潰瘍から出血している場合は内視鏡により止血を行う（クリップ止血法）

日常生活の注意点
- ☑ 暴飲暴食をしない。
- ☑ 消化のよい食事を心がけ、刺激の強い食べ物・飲み物（特に炭酸飲料）を避ける
- ☑ 1日3回、規則正しく食事をする
- ☑ ヨーグルトや乳酸飲料を積極的に摂る
- ☑ 喫煙、飲酒を控え、ストレスや過労を避ける
- ☑ 腹痛がある場合は、起こる時間をチェックする（再発の早期発見）
- ☑ タール便がみられたら直ちに受診を勧める

処方されるお薬

分類	例
胃酸の分泌を抑える薬	● プロトンポンプ阻害薬（オメプラゾール、タケプロン、ネキシウム、タケキャブ） ● H2受容体拮抗薬（ガスター）
胃や十二指腸の粘膜を守る薬	アルロイドG、アルサルミン、セルベックス・ムコスタ など
鎮痙剤	ブスコパン など
ピロリ菌の除菌に使う薬	ヘリコバクター・ピロリ除菌製剤（ラベキュア、ボノサップ、ラベファイン、ボノピオン） ※下痢、腹痛、味覚障害などの副作用に注意する

- 薬剤性潰瘍とは、薬の副作用によって起こる胃潰瘍。ステロイド剤や非ステロイド性抗炎症薬などを長期間服用している場合は注意が必要

医療連携時のポイント

- ☑ 医師の指示通り服用していることを確認する
- ☑ 薬剤の相互作用、副作用を確認する
- ☑ 便の性状を確認する
- ☑ 貧血症状を確認する
- ☑ 潰瘍は完治しても1年以内に再発しやすい病気であることを理解しておく
- ☑ 脳梗塞、心筋梗塞再発予防のために、血液をサラサラにする薬などを服用している場合、その注意事項を確認する

ココを押さえる！

高齢者は鎮痛薬を服用する機会が多いので、薬剤性胃潰瘍に注意が必要です。また高齢者の場合、痛みが出にくいため、普段からの注意深い観察が重要です。

PART3 高齢者によくみられる疾患

消化器疾患

逆流性食道炎

どういう病気か
- 胃液や、胃の中で胃液と混ざり合った食べ物が、食道に逆流することで起こる
- 食道は酸に弱いため、強い酸性の胃液が逆流すると粘膜に炎症が起こる
- 主な原因は、食道と胃のつなぎ目にある下部食道括約筋の筋力低下、便秘による腹圧の高まり、高脂肪食による下部食道括約筋の緩みや胃酸の増加
- 肥満や喫煙も逆流性食道炎のリスクになる

症状
- 胸焼けと呑酸（酸っぱいものや苦いものが込み上がってくる）が2大症状
- ゲップ
- のどがつかえて食べ物がのどを通りにくい感じがする
- 声のかすれやのどの違和感
- 肺や心臓に異常がないのに咳が続く
- 背中から胸にかけて締めつけられるような痛みを感じることもある

治療法
生活改善
- 食事は腹八分目とし、食後すぐに横になるのを避ける など

薬物療法
- 胃液の分泌量を減らす薬、食道の動きを改善する薬、胃酸を中和したり食道の粘膜を守ったりする薬の処方

手術
- 生活改善や薬物療法で改善しない場合は、外科手術を検討することもまれにある

🔖 日常生活の注意点
- ☑ 食べすぎ、早食いをしない
- ☑ 脂っこいもの、アルコール、炭酸飲料を摂りすぎない
- ☑ 食後2〜3時間は横にならない
- ☑ 夜間に症状が出る場合は上半身を高くして寝る
- ☑ 長時間の前屈みの姿勢を避け、おなかをベルトや服で締めつけない
- ☑ 肥満の改善、禁煙

処方されるお薬

分類	例
胃液の分泌量を減らすお薬	**プロトンポンプ阻害薬**： タケプロン、ネキシウム、パリエット など **H2ブロッカー**： ガスター、アルタット、アシノン など **カリウムイオン競合型アシッドブロッカー**： タケキャブ など
食道の動きを改善するお薬	ガスモチン、ナウゼリン など
胃酸を中和するお薬	乾燥水酸化アルミニウムゲル、マグミット、酸化マグネシウム、マグラックス、炭酸カルシウム、マーロックス、マルファ など
食道の粘膜を守るお薬	アルギン酸ナトリウム液（アルロイドG内用液5％）など

 医療連携時のポイント

- ☑ 日常生活の注意点を理解し、実行できているかを確認し、医療職に情報提供する
- ☑ お薬を処方通りに服用しているか、副作用は出ていないかを確認し、医療職に情報提供する
- ☑ 日常生活の注意点を守り、お薬も服用しているにもかかわらず症状があまり改善しないようなら、医療職に報告する

ココを押さえる！

胃液などが逆流しやすい生活を続けていると、お薬の効果が十分に得られません。無理なく生活改善ができるように、利用者や家族と一緒に考えましょう。

消化器疾患

感染性胃腸炎（ノロウイルスなど）

どういう病気か

- ノロウイルスが感染し、腸で増殖する
- 感染者の糞便や嘔吐物には大量のノロウイルスが含まれる。手洗いなどが不十分だと、人の手や食物を通じて別の人に感染（経口感染）し、感染が拡大する
- 人同士が接触して飛沫感染することや、汚染された二枚貝、汚染された井戸水、ペットなどから感染することもある
- 潜伏期間は1〜2日。毎年11月頃から翌年4月にかけて流行する

症状

- 腹痛、下痢、吐き気・嘔吐、37℃台の発熱が主症状だが、症状の程度には個人差があり、風邪のような症状で終わることもある
- 症状が続く期間は1〜2日
- 下痢、嘔吐、発熱による脱水症状にも注意が必要

治療法

水分と栄養の補給

- ノロウイルスに対する抗ウイルス薬はないため、対症療法を行う
- 脱水症状が強い場合は点滴で水分と電解質を補う
- 嘔吐物の誤嚥防止のため、吐き気・嘔吐がなくなるまで禁食にする

日常生活の注意点

- ☑ 水分と栄養の補給を十分に行う
- ☑ 高齢者は、脱水症状や体力の消耗が進みやすいので、症状の変化に注意する
- ☑ 嘔吐によるのどの痛みや出血、下痢による肛門周囲のかぶれなどに対するケアも心がける
- ☑ 症状が治まっても、発症後1週間程度は人にうつしてしまう期間なので、本人の排泄後の手洗いの他、帰宅後や食事前の手洗いを徹底し、介護者の感染を防ぐ

処方されるお薬

分類	例
嘔吐や下痢による脱水	点滴で水分や電解質を補う
吐き気が強いとき	吐き気止め（プリンペラン、ナウゼリンなど）を使用
腸の動きを整える薬（整腸剤）	ビオフェルミン など

- 吐き気が強いときや、嘔吐の直後は、少し落ち着いてから服用を促す
- 下痢止め（止瀉薬）は、回復を遅らせることがあるので、基本的に使用しない
- 吐き気止めなど、処方された薬が、頓服薬（症状があるときにだけ飲む）なのか、食後など、決まった時間に飲むものなのか、確認して正しく服用されるように援助する

医療連携時のポイント

- ☑ 疑わしい症状があれば、すぐに医師や看護師に報告する
- ☑ 吐き気止め、整腸薬の服薬方法、服薬期間を確認する
- ☑ 吐き気や嘔吐、下痢がある間、いつも飲んでいる薬の服用をどうするか確認する
- ☑ 関わる人全員が、流水と石けんによる手洗いを徹底する

ココを押さえる！

本人の脱水予防なども大切ですが、感染を拡大させないために、手洗いを励行し、排泄物、吐瀉物の処理方法を十分に理解して確実に実行しましょう。

消化器疾患

痔

どういう病気か
- 肛門と肛門周辺の病気の総称で、痔核（いぼ痔）、裂肛（きれ痔）、痔ろうがある
- 痔核：排便時に強くいきんだり、長時間座り続けるなど、肛門に負担がかかることでいぼ状の腫れ（痔核）ができる。肛門内側にできる内痔核と、肛門外側にできる外痔核がある
- 裂肛：硬い便の通過などで肛門の出口付近の皮膚が切れる
- 痔ろう：直腸と肛門周囲の皮膚をつなぐトンネルができる

症状
- 痔核
  内痔核：初期は排便時の出血。内痔核が大きくなると肛門の外へ押し出されるようになる（脱肛）。さらに進むと指で押し込んでも戻らなくなり、強い痛みを伴う
  外痔核：痛みがある。急性の炎症が起こると、大きく腫れて激しく痛む
- 裂肛：排便時の痛みと出血
- 痔ろう：肛門周囲の痛みや腫れ。肛門周囲に穴があき、膿が出る

治療法
- 痔核：便秘の予防、便意を我慢しないなど生活習慣の改善。緩下剤、抗炎症薬の坐薬などの薬物療法。痔核を硬める硬化剤注射療法。外科手術
- 裂肛：便秘や下痢の予防、入浴や座浴で肛門の清潔を保つなど生活習慣の改善。痛みを抑える軟膏など薬物療法
- 痔ろう：手術でトンネルを切開し、膿をすべて取り除く

日常生活の注意点
- ☑ 水分や食物繊維を十分に摂取し、便秘を予防する
- ☑ 排便のとき強くいきまない
- ☑ 下痢を予防する（下痢は裂肛や痔ろうのリスクとなる）
- ☑ 入浴で肛門周囲の血流をよくする（おしりを冷やさない）
- ☑ 肛門の清潔を保つ
- ☑ 長時間の座位を避ける

処方されるお薬

分類	例
痔核や裂肛の治療薬	ヘルミチンS坐剤、ボラザG軟膏、強力ポステリザン（軟膏）、ネリプロクト（軟膏）、プロクトセディル（軟膏）など
便秘薬	酸化マグネシウム など

坐薬挿入時のポイント

- 中腰になって、先のとがった方から挿入する
- 起き上がれない場合は横向きになって脚を曲げ、坐薬を深く挿入してから脚を伸ばすと容易に挿入できる

医療連携時のポイント

- ☑ 便秘や下痢の有無を確認し、医療職に情報提供する
- ☑ 坐薬や軟膏を正しく使えているかを確認し、問題があれば医療職に相談する
- ☑ 医師や看護師から指導された便秘予防策などを実行できるように支援する
- ☑ 排便や痔に関することは羞恥心もあり本人は相談しにくいものなので、困っているような場合は本人の承諾を得て、必要な情報を医療職に提供する

ココを押さえる！

痔は日本人の3人に1人がかかっているといわれ、きちんと治療していない人も少なくありません。痔ろうは発がんリスクもあるため早期治療を促すことが大切です。

消化器疾患

便秘症

どういう病気か

- 週2回以上の排便がない状態が1か月以上続いている場合を便秘症という
- 便が固いために排便時に痛みを伴う
- 機能性便秘、薬剤性便秘などがある
  機能性便秘 …… 長期臥床（寝たきり）や、腹筋の力の低下などで腸の動きが悪くなる弛緩性便秘などがある
  薬剤性便秘 …… 薬の作用で起こる便秘。抗ヒスタミン薬、医療用麻薬、鉄剤などで起こりやすい

症状

- 便の回数が少なく、排便量も少ない
- 残便感がある
- 便が固くて出にくい
- 腹痛、腹部膨満感、嘔吐、食欲不振など

治療法

排便の促進

- 排便のリズムを取り戻す
- 下剤や浣腸で直腸にたまった便を十分排便させる
- 腹圧体操や腸のぜん動運動を促す適度な運動を行う
- 腹部マッサージ

薬物療法

- 便秘薬（緩下剤）を用いる

日常生活の注意点

- ☑ 規則正しい食生活を心がけ、特に朝食の欠食を避ける
- ☑ 毎朝決まった時間に便器に座る習慣をつける
- ☑ 便意をがまんしない
- ☑ 適度な運動、水分の摂取、食物繊維の多い食品の摂取
- ☑ ストレスの少ない生活を心がける
- ☑ 最近便が出たのはいつか、便の状態、排便時に痛みや出血がないかをチェックする

処方されるお薬

分類	例
便の水分を増やす薬	酸化マグネシウム
腸の粘膜を刺激する薬	プルゼニド、ヨーデル、ラキソベロン など
漢方薬	麻子仁丸（ましにんがん）、大建中湯（だいけんちゅうとう）、防風通聖散（ぼうふうつうしょうさん）
坐薬	新レシカルボン、テレミンソフト など
浣腸薬	グリセリン浣腸液

- 鉄剤を飲んでいると便秘になり、また便が黒くなることを知っておく

医療連携時のポイント

- ☑ 便の性状や回数が変化した場合は、医療職に連絡する
- ☑ 「ブリストル便形状スケール」※を用いて、医療職と介護職が統一した基準で情報共有する
  ※便の形態を7種類に分類したもの

ブリストル便形状スケール

コロコロ便 (Type1)		小さくコロコロの便（ウサギの糞のような便）
硬い便 (Type2)		コロコロの便がつながった状態
やや硬い便 (Type3)		水分が少なくひびの入った便
普通便 (Type4)		適度な軟らかさの便（バナナ、ねり歯磨き粉状）
やや軟らかい便 (Type5)		水分が多く非常に軟らかい便
泥状便 (Type6)		形のない泥のような便
水様便 (Type7)		水のような便

PART 3 高齢者によくみられる疾患

ココを押さえる！

 認知症の人の場合は、便秘が原因で行動・心理症状（BPSD）が悪化することもあるので、便意を整えることが重要です。

消化器疾患

腸閉塞（イレウス）

どういう病気か

- 小腸や大腸が、何らかの原因で詰まってしまう状態
- 機械的閉塞と機能的閉塞がある

  機械的閉塞 …… おなかの手術の後に起こる癒着や大腸がん、あるいは腸がねじれて詰まる

  機能的閉塞 …… 薬の作用などにより、腸の動きが低下して起こる

症状

- 激しい腹痛、吐き気、嘔吐が、腸が詰まったとたんに起こる
- 腹部膨満（おなかが膨れる感じ）
- 便やガスが出なくなる

治療法

外科的治療（手術）

- 腸間膜もよじれている絞扼性イレウス（複雑性イレウス）の場合は、緊急手術を行う。癒着した部分をはがし、腸のねじれなどをとって開通させる

内科的治療

- 絶飲食して点滴を行い、腸を休めることにより自然に元に戻るのを待つ
- 鼻から管を入れて、腸の内容物を排出させる

日常生活の注意点

- ☑ 規則正しい食事、適度な運動などで便秘を予防する
- ☑ 消化の悪い食物、冷たい食物、脂肪分の多い食物、刺激の強い食物を避け、よく噛んで食べるように促す
- ☑ おなかの手術や腸閉塞の既往がある人は特に注意する
- ☑ 消化管のがん末期の人や、医療用麻薬を使用している人も要注意

処方されるお薬

分類	例
胃腸の働きを抑え、腹痛や吐き気をやわらげる薬	ブスコパン、ハイスコ、オクトレオチド、サンドスタチン など

● ほかに、吐き気止めや水分、電解質、栄養分を補うための点滴も行う

医療連携時のポイント

☑ 過去に腹部の手術をしたことがあるか、過去に腸閉塞を起こしたことがあるか確認
☑ 自然に治ることはないので、異変（腹痛、吐き気・嘔吐、食欲低下、活気低下、吐いたものに便臭がある）を感じたら直ちに医師に報告する
☑ 入院治療が必要な場合が多いので入院の準備をしておく

ココを押さえる！

高齢者で便秘傾向のある人などは注意が必要です。大腸がんが原因となったり、薬の副作用で腸閉塞が起こる場合もあるので、そのことを理解しておきます。

消化器疾患

胆石症
たんせき

どういう病気か

● 胆のうや胆管に石（胆石）ができる

● 胆石は、胆汁に含まれるコレステロールやビリルビンなどの成分が結晶化したもの

● 40〜50代で、太り気味の、全身状態のよい女性に多い

● 胆石が胆汁の流れを邪魔したり、その部分に炎症が起こったりすると、「胆のう炎」（80ページ）が発症する

症状

● 高齢者では症状が出ないこともある

● 「胆のう炎」に伴って、激しい腹痛（右脇腹を中心に起こる）や、背中の痛み、発熱、黄疸（皮膚や目の粘膜などが黄色くなる）、吐き気・嘔吐などが現れる

● 脂肪分の多い食事をした後などに、「胆のう炎」が起こりやすい

治療法

● 高齢者で無症状の場合は、定期検査で様子を見ることが多い。「胆のう炎」を発症し、痛みなどがある場合は治療する。胆管結石の場合は、急性胆管炎や急性膵炎を起こす危険があるため、手術を行う

● 溶解療法：薬で胆石を溶かす

● 体外衝撃波結石破砕術：体の外から衝撃波を当てて胆石を砕き、そのあとで胆石を溶かす薬を飲む

● 腹腔鏡下胆のう摘出術、または開腹手術

日常生活の注意点

☑ 脂肪分の取りすぎを避け、バランスのよい適量の食事を心がける

☑ アルコールやカフェインなどは控える

☑ 食事や運動で肥満を改善する

☑ ストレスや過労も「胆のう炎」発症の要因になるため、これらを避ける

☑ 高齢者は、発熱以外の症状がない場合もあるので注意する

☑ 「胆のう炎」の初期症状を見逃さない

処方されるお薬

分類	例
胆石を溶かす薬	ウルソ
胃腸の働きを抑え、腹痛や吐き気をやわらげる薬	ブスコパン、チアトン
胆汁や膵液の流れをよくする薬	スパカール
鎮痛薬	ボルタレン坐薬

- 「ウルソ」は胆汁の流れをよくしたり、肝臓の血流をよくする効果や消化吸収をよくする効果もある
- 飲み合わせが悪い薬もあるので、医師や薬剤師に確認する

医療連携時のポイント

- ☑ 日常生活で注意すべきことを確認する
- ☑ 上腹部痛、吐き気・嘔吐、発熱、黄疸が現れたらすぐ受診する
- ☑ 黄疸は眼球結膜（白目の部分）に早くから表れやすいので、気づいたらすぐに医療職に報告する

ココを押さえる！

胆石症の予防には、規則正しい時間に食事を摂取することが重要です。そうすることで胆のうの収縮による胆汁の分泌のリズムが保たれます。

消化器疾患

胆のう炎（急性、慢性）

どういう病気か
- **急性胆のう炎**：胆石やがんのために胆汁の流れが滞り、大腸菌などの細菌が感染して炎症が起こる病気
- **慢性胆のう炎**：急性胆のう炎に引き続いて起こるものと、初めから慢性的な経過をたどるものがある
- 急性胆のう炎は、脂肪分の多い食事が引き金になることもある
- 胆のう炎から腹膜炎や敗血症（190ページ）になることがあるので、注意が必要

症状
- **急性胆のう炎**：最も典型的な症状は右脇腹の激しい痛み。次いで吐き気・嘔吐、発熱が多い。胆汁の流れが妨げられ、黄疸（皮膚や目の粘膜が黄色くなる）が出ることもある
- **慢性胆のう炎**：右脇腹痛、上腹部不快感、おなかの張りなどが軽度みられることもあるが、半数くらいの人は無症状

治療法
急性胆のう炎
- 安静、絶食の上、点滴による水分の補給、抗菌薬の投与を行う
- 炎症が強い場合は、腹壁から針を刺して胆のうにたまった胆汁を排出する
- 炎症が治まった後に、手術で胆のうと胆石を取り除く

慢性胆のう炎
- 症状に応じて抗菌薬や鎮痛薬など

日常生活の注意点
- ☑ 脂肪分の多い食事を摂りすぎない
- ☑ アルコールやカフェインなどの摂りすぎ、暴飲暴食を避ける
- ☑ 過労やストレスを避け、規則正しい生活を心がける
- ☑ 激しい腹痛を訴え、腹部全体が硬くなっているときは、胆のうが破れて腹膜炎を起こしている可能性があるので、直ちに病院へ

処方されるお薬

急性胆のう炎

分類	例
胃腸の働きを抑え、腹痛や吐き気をやわらげる薬	ブスコパン、チアトン
胆汁や膵液の流れをよくする薬	スパカール
鎮痛薬	ボルタレン坐薬

慢性胆のう炎

積極的な治療はしないことが多いが、症状がある場合や、胆のうがんの疑いがある場合は手術を行う
※抗生剤の投与が必要な場合は入院治療になることが多い

- 胆のう炎から腹膜炎や敗血症など、命にかかわる病気になることもあるため、注意が必要

 医療連携時のポイント

- ☑ 急に高熱が出ることが多いので、その場合はすぐ医療職に報告する
- ☑ バイタルサインだけでなく、自覚症状も報告する
- ☑ 黄疸が出現した場合は入院治療が必要なことが多い

ココを押さえる！

 高齢者は、症状が軽く見えても重症化しやすいので注意。「黄疸」は、見慣れないとわかりにくいので、普段の皮膚や目の色などを見ておきましょう。

消化器疾患

肝炎・肝硬変

どういう病気か
- ウイルス、アルコール、自己免疫疾患、薬剤などが原因で、肝臓に炎症が起こる。ウイルス性が全体の8割を占め、とくにC型肝炎ウイルスによるものが多い
- 肝炎には急性肝炎と慢性肝炎があり、慢性肝炎が進行すると肝硬変になる
- 肝硬変は、肝臓の組織が破壊され、肝臓が小さく固くなる病気で、肝臓がんの原因になり得る

症状
- **急性肝炎**：発熱、全身のだるさ、食欲不振、おなかの鈍い痛み、吐き気・嘔吐など。風邪と間違えやすい。症状が進むと黄疸や全身のかゆみなども出現
- **慢性肝炎**：自覚症状は少ないが、全身のだるさや疲労感、食欲不振など
- **肝硬変**：自覚症状がない場合と、多様な症状が現れる場合があるが、進行すると濃い色の尿や黄疸、吐血、むくみ、腹水が出現

治療法
急性肝炎
- 安静療法、食事療法（カロリー、高たんぱく質、ビタミンBが十分に含まれた食事〈肝臓病食〉）、薬物療法

慢性肝炎
- 食事療法、薬物療法

肝硬変
- 食事療法、薬物療法

日常生活の注意点
- ☑ 食後の安静。禁酒
- ☑ むくみや脱水のあるときはたんぱく質や塩分を控える
- ☑ 感染症にかかりやすいので、風邪や肺炎などに注意する
- ☑ ウイルス性のB型肝炎とC型肝炎は血液感染の危険があるので、血液に汚染されたものを扱う際は手袋を着用
- ☑ 肝機能を調べたり、肝臓がんの早期発見をするために定期的な受診が必須

処方されるお薬

急性肝炎

分類	例
B型肝炎／抗B型肝炎ウイルス薬	ゼフィックス
薬物性肝障害／肝機能改善薬	ウルソ

慢性肝炎

分類	例
B型肝炎／抗B型肝炎ウイルス薬	バラクルード、ゼフィックス
C型肝炎／抗C型肝炎ウイルス薬	レベトール、コペガス、リバビリン、テラビック
アルコール性肝障害／肝機能改善薬	ウルソ など

肝硬変

分類	例
肝機能改善薬	ウルソ
肝不全治療薬	アミノレバンEN配合散、リーバクト、ラクツロース

 医療連携時のポイント

- ☑ 感染の危険があるかどうかを確認（感染症の危険がない場合もある）
- ☑ ほかの病気の薬との飲み合わせや、とくに注意すべき副作用を確認
- ☑ 内服薬の数がどうしても多くなるので、飲むのに時間がかかったり、つらそうな場合は医療職に相談する
- ☑ 肝硬変では、便通を整えることも大切なので、便秘などは報告する

ココを押さえる！

 肝硬変は合併症の食道静脈瘤（じょうみゃくりゅう）が原因で突然吐血することがあります。進行すると昏睡が出現することも。高齢者は、肝硬変から肝臓がんになる危険性が高いです。

消化器疾患

鼠径ヘルニア

どういう病気か
- 鼠径部（足の付け根の内側、股関節の前方）にある鼠径管という通路や、筋膜の弱くなったところから、腹膜や腸の一部が飛び出る。脱腸ともいう
- 子供の場合はほとんど先天的なものだが、高齢者の場合は、加齢により鼠径部の筋膜が弱くなったことで起こる
- 60〜80歳の男性に多い

症状
- 立ったときや、おなかに力を入れたときに、鼠径部がふくらむ（男性の場合は、陰のうが膨らむこともある）
- ふくらみは押すと戻る
- 腸が飛び出たまま戻らなくなると激しい腹痛、嘔吐が出現する（嵌頓ヘルニア）

治療法
手術
- 腸が飛び出してしまう穴（鼠径管の一部、筋膜の裂け目など）をメッシュのシートでふさぐ
- 嵌頓ヘルニアを起こした場合は、緊急手術を行う

ヘルニアバンド
- 腸が飛び出ないように、鼠径部を押さえる専用のバンドを着用する

 日常生活の注意点

- ☑ 便秘を予防する
- ☑ 重いものを持つなど、おなかに力を入れる（腹圧がかかる）動作を避ける
- ☑ 腹圧がかかると鼠径部や陰のう部がふくらみ、横になると元に戻るという症状があれば、早めに医師や看護師に報告する

その他のヘルニア

椎間板 ヘルニア	背骨の脊椎と脊椎の間にある椎間板が、つぶれて飛び出したものが椎間板ヘルニア。腰の部分に発症すると腰痛の原因に	
食道裂孔 ヘルニア	胸とお腹の間にある横隔膜には、食道などが通っている「食道裂孔」という穴がある。ここから胃の一部が胸側に飛び出してしまったものが食道裂孔ヘルニア	
脳 ヘルニア	頭のケガなどによって脳に血腫やむくみが生じると、脳内の圧が高くなり、重要な機能を担っている部分が圧迫される	

PART3 高齢者によくみられる疾患

医療連携時のポイント

- ☑ 便通を整えることも大切なので、便秘や下痢は医療職に報告する
- ☑ 嵌頓ヘルニアの症状（激しい腹痛を訴え、ふくらみが元に戻らない）が起こったら、直ちに医師や看護師に報告する
- ☑ 手術した場合は、術後の管理について確認する

ココを押さえる！

鼠径ヘルニアはありふれた病気ですが、嵌頓ヘルニアを起こす危険があるので軽視は禁物。寝たきりなどの場合を除き、高齢者でも積極的に手術で治療します。

呼吸器疾患

気管支喘息
きかんしぜんそく

どういう病気か
- 気道が常に炎症を起こして狭くなっており、何らかの刺激でさらに気道が狭くなり発作が起こる
- 発作の原因は、ホコリ（ダニを含むハウスダスト）以外に、ストレスやたばこ、運動、過労、風邪などの感染症、気温の変化など多様
- 中高年に多く、最も多いのは60代

症状
- 発作時には、ヒューヒュー、ゼーゼーという「喘鳴」がある
- 呼吸困難を伴う激しい咳と痰
- 胸の痛み、動悸や息切れ、背中の張りがある場合がある
- 夜間から朝方にかけてや、季節の変わり目、気温差が激しいときなどに発作が起こりやすい
- 咳だけが症状の「咳喘息」もある

治療法
薬物療法
- 気管支の炎症を鎮める薬や、気管支を拡張する薬の吸入

発作を防ぐ生活
- 発作を引き起こす原因を避ける
- ストレスを避け、禁煙するなど

日常生活の注意点
- ☑ 掃除をして部屋を清潔にする
- ☑ ストレスを減らす、禁煙する
- ☑ 体調管理や感染防止を心がける
- ☑ 喘息治療の目的は、発作を鎮めることではなく、発作が起こらないようにすることであることを理解して生活する
- ☑ 発作を繰り返す場合は、体調管理のために喘息日記をつける
- ☑ 薬を用いても発作が改善しない場合は、速やかに医療機関を受診する

処方されるお薬

症状を予防する「長期管理薬」

分類	例
気管支の炎症を鎮める薬	フルタイド、キュバール、パルミコート、オルベスコ、アズマネックス
気管支を拡げる薬	吸入薬：セレベント、オンブレス、オーキシス、スピリーバ 貼り薬：ホクナリンテープ 内服薬：スピロペント、ホクナリン、テオドール など
炎症を鎮める薬と気管支を広げる薬の配合薬	吸入薬：アドエア、シムビコート、フルティフォーム、レルベア
気管支を拡げ、炎症を鎮める薬	オノン、シングレア、キプレス など

発作を鎮める「発作治療薬」

分類	例
気管支を拡げる薬	吸入薬：サルタノール、アイロミール、メプチン、ベロテック
炎症を鎮める薬	プレドニゾロン、プレドニン、メドロール、コートリル など

- 吸入薬は正しく使用し、患部に薬が十分に行き届くようにする。吸入後はうがいを促す

医療連携時のポイント

- ☑ 長期管理薬と発作治療薬を確認する
- ☑ 発作時の対処法を確認する
- ☑ 喘息の治療薬と他の薬の飲み合わせに注意が必要なので、市販薬を使用する場合は確認する

ココを押さえる！

「長期管理薬」と「発作治療薬」の違いを理解しましょう。吸入薬は正しく使用しないと効果が得られないため、正しく使用できているか確認することも大切です。

呼吸器疾患

慢性閉塞性肺疾患 (COPD)

どういう病気か

- 最大の原因はたばこ。長年の喫煙によって気づかないうちに進行する
- 気管支の壁がむくんで痰が大量に出る。また肺胞（肺のいちばん奥にある小さな球体）がつぶれ、酸素を取り込みにくくなることから肺の機能が低下する。重症度により0期～Ⅳ期に分けられる
- 死亡率が高く、日本人の死亡原因の第8位（2021年）。年々増加傾向にある

症状

- 長引く咳や痰、息切れなどのありふれた症状から始まる
- 進行すると、息苦しさのために外出ができなくなったり、入浴時など日常的な行為でも息苦しさが増す
- 患者の約70%が、日常生活のさまざまな場面で制限を感じている
- 風邪などをきっかけに症状が悪化

治療法

薬物療法
- 気管支拡張薬や去痰薬、吸入ステロイド薬で症状をやわらげる

呼吸リハビリテーション
- 運動療法などを行って肺の働きの維持・回復を目指す

在宅酸素療法（HOT）
- 酸素ボンベで持続的に酸素を吸入する。酸素が十分に取り込めず、呼吸不全に陥る危険のある重症者（主にⅣ期）が対象

日常生活の注意点

- ☑ 禁煙が治療の第一歩となる
- ☑ 炎症によって破壊された肺を元に戻すことはできないが、薬物療法や呼吸リハビリによって、QOL（生活の質）の維持・改善が期待できる
- ☑ 風邪などの感染症を予防する。手洗い、うがい、人ごみでのマスクの着用。インフルエンザ、肺炎球菌などの予防接種を受ける
- ☑ 呼吸困難が起きたときは、口をすぼめてゆっくりと息を吐く「口すぼめ呼吸」を行うと楽になる

処方されるお薬

分類	例
気管支を拡げる薬	● 吸入抗コリン薬（スピリーバ、アトロベント） ● **長期間作用性β2刺激薬** 吸入薬：オンブレス、セレベント、オーキシス 貼り薬：ホクナリンテープ ● **短時間作用性β2刺激薬** 吸入薬：サルタノール、アイロミール、メプチン、ベロテック
痰の切れをよくする薬	ムコダイン、ムコソルバン など
気管支の炎症を鎮める吸入ステロイド薬	フルタイド、キュバール、パルミコート、オルベスコ、アズマネックス

HOTを行っている人

- 酸素濃縮装置、液化酸素のための装置などが必要。これらの装置は、病院と業者がレンタル契約を結び、医師の在宅酸素指示書に基づいて、業者から患者に提供される
- 動脈血中の酸素飽和度（動脈血酸素飽和度（SpO_2））を測定する、パルスオキシメーターという医療機器も使用
- 毎月1回以上外来診察を受ける必要がある（訪問診療でも可）

医療連携時のポイント

- ☑ 症状が悪化（増悪）したときの対処法を確認
- ☑ 呼吸リハビリの目的（利用者が自立した生活を送れるようにすること）や、効果を理解しておく
- ☑ 悪化のサイン（いつもより呼吸が速い、ゼーゼーしている、顔や手足のむくみ、チアノーゼなど）がみられたら、すぐに医療職に報告する

ココを押さえる！

HOTの自己管理は高齢になると難しくなることもあります。介護職がサポートする場面も増えてくるので、よく理解しておきましょう。

呼吸器疾患

間質性肺炎
かんしつせい

どういう病気か
- 一般的な肺炎とは異なり、細胞の壁（間質）に炎症が起こる病気
- 間質の炎症により、肺と肺胞壁が厚くなり、ガス交換（酸素と二酸化炭素の入れ替え）ができなくなる
- 原因や性質によって数十種類に分類される

症状
- 初期は多くの場合無症状だが、空咳（からせき・痰のない咳）が出ることもある
- 進行すると、歩行時、階段昇降時、入浴時、食事のとき、排泄時に息切れするようになる
- 肺線維症が進行すると、指の先が太鼓のばちのように太くなる「ばち指」がみられることもある

治療法

薬物療法
- 原因不明の肺線維症（特発性肺線維症＝IPF：国の難病に指定）に対しては、抗線維化薬が用いられる

在宅酸素療法（HOT）
- 進行して肺機能が低下した場合はHOT（89ページ参照）を行う

呼吸器リハビリテーション
- 運動療法などを行う

 日常生活の注意点

- ☑ 禁煙する
- ☑ 風邪やインフルエンザの予防。疲労やストレスを避ける
- ☑ 栄養を十分に摂り、適度な運動をする
- ☑ 息切れの悪化、痰の増加、痰の色の変化、発熱、動悸や胸痛、体重増加や浮腫、チアノーゼに気づいたら、早めに医療機関に相談する
- ☑ パルスオキシメーターで、動脈血中の酸素飽和度をチェックする

処方されるお薬

分類	例
特発性肺線維症の薬	抗線維化薬：ピレスパ、オフェブ ※肺の線維化を抑える作用がある
咳を鎮める薬	咳止め：メジコン、リン酸コデイン ※ただし、副作用の便秘や食欲不振に注意が必要 ※一時的に悪化したときはステロイド薬や免疫抑制薬を使用することもある（入院治療）

- ピレスパを内服している場合は、光線過敏症の対策として、外出時の帽子、日傘、日焼け止めの塗布を行う
- 特発性間質性肺炎の病態の中で最も多いものが特発性肺線維症。はっきりとした原因は不明だが、肺がんなどを合併しやすいので「日常生活の注意点」をよく読み、理解しておく必要がある

 医療連携時のポイント

- ☑ 薬物療法を行っている場合は、服用の注意事項や注意すべき副作用を確認
- ☑ 医師や看護師に報告する症状、病院を受診する症状を確認しておく
- ☑ 在宅酸素療法（HOT）を行っている場合は、酸素流量が吸入時間を守っているか確認する。また、火気厳禁を徹底する
- ☑ 緊急時の連絡先と対応の確認、HOTの業者の連携先確認

ココを押さえる！

間質性肺炎は、細菌などの感染による肺炎とはまったく異なります。進行して肺の線維化がひどくなると命に関わるため注意が必要です。

呼吸器疾患

肺結核症

どういう病気か

- 結核菌が肺に感染して起こる。感染経路は空気感染と飛沫感染
- 感染してすぐに菌が増殖、発病する「初感染結核」は感染者の10%程度。持病のある人は要注意
- 感染後すぐには菌が増殖せず、1年後に後発する場合や、あるいは20年以上後に発病することもある。こうした「内因性再燃」は感染者の15%
- 日本では年間2万人以上が発病

（一般社団法人日本呼吸器学会）

症状

- 咳、痰、血痰、全身倦怠感、発熱（微熱）、体重減少、寝汗など。一般的に、咳などの症状が2週間以上続く場合は結核を疑い、検査をする
- さらに進行すると肺の一部が空洞化し、呼吸困難が現れる
- 結核菌が咳などによって体の外に出る場合（排菌）と、出ない場合がある

治療法

薬物療法

- 複数の抗結核薬を、最低6カ月間服用

※結核菌を他人へ感染させてしまう可能性があるとき（痰から結核菌が確認されるとき）は入院して治療を行う

日常生活の注意点

- ☑ 十分な栄養と休養をとり、症状に応じて適度な運動をする
- ☑ 感染の拡大を防ぐことが大切。咳が出る間はマスクをするなど、患者が周囲への感染予防に努め、完全に治るまで治療を続ける

※治療中は保健所から症状の問い合わせがある

処方されるお薬

分類	例
結核を治す薬	**抗結核薬**： イスコチン、リファジン、ピラマイド、エブトール、エサンブトール など ※最低6カ月間服用 ※治療後2年間は再発の有無を確認する検査を受ける ※痰から大量に結核菌が検出された場合は、結核治療専門施設に入院する ※家族など発病リスクの高い人は、発病を予防する薬を服用する ※肝障害、薬剤アレルギーによる皮疹、エブトール、エサンブトールによる視力障害などの副作用に注意する
抗結核薬の副作用を抑える薬	**イコスチンによるビタミンB6欠乏に対して**：ピドキサール **ピラマイドによる高尿酸血症に対して**：ユリノーム、ザイロック

- 結核は感染症法で「二種の感染症」に分類されている。感染症法第12条に基づき、医師は結核の患者を診断したときには、直ちに結核患者の発生を、保健所長に届け出なければならない

医療連携時のポイント

- ☑ 危険があるかどうかを確認し、危険がある場合は、感染予防対策を確認する
- ☑ 薬物療法の内容を確認（抗結核薬の服用確認）
- ☑ 微熱、食欲不振、体重減少、活気がないなどの症状に気をつけ、異常がみられたらすぐ医療職に報告する
- ☑ 保健所との連携が特に必要

ココを押さえる！

施設では、他の利用者に感染を拡大させないことが最も重要です。排菌や感染の危険がある間は、基本的に在宅か医療機関で療養します。

呼吸器疾患

誤嚥性肺炎

どういう病気か

- 食べ物の一部や胃の逆流物が、病原体とともに肺に入り、炎症が起こる
- 嚥下機能や咳反射（むせたときに咳が出て誤嚥を防ぐ）が弱い人に起こりやすい
- 逆流性食道炎のある人は、胃からの逆流物（胃液や食べたもの）が気管に入り込むことがある
- 口腔内の清潔が保たれていないと、食べ物と一緒に細菌が肺に入り込み、肺炎が起こりやすい

症状

- 発熱、咳、膿のような痰、胸の痛み
- 何となく元気がない、食欲がない、常に喉がゴロゴロ鳴っているなどの症状だけで、発熱などの症状がない場合も多い
- 咳と痰が少ない場合もあり、かぜ症候群と間違えて見逃すこともあるので注意が必要

治療法

薬物療法

- 抗菌薬の内服や注射

吸入療法

- 誤嚥性肺炎の症状が進行し、呼吸不全を起こした場合は酸素吸入による治療を行う
- さらに重症化し、呼吸ができない状態になると人工呼吸器を使用することもある

日常生活の注意点

誤嚥性肺炎の治療中

- ☑ 上半身を30度ほど上げた体位、体位交換、口腔ケアで誤嚥が続くのを防ぐ
- ☑ 深呼吸

予防

- ☑ 口腔ケア、口腔リハビリの徹底
- ☑ 誤嚥しにくい食事の形態を工夫する
- ☑ 食事のときの体位の工夫、飲み込みのチェック、痰の適切な吸引など

処方されるお薬

分類	例
抗菌薬	ダラシン、オーグメンチン、サワシリン など ※基本的に7日間治療する

使用抗菌薬の例

ペニシリン系抗菌薬（オーグメンチン、ユナシン）
＋
マクロライド系抗菌薬（クラリス、ジスロマック）

or

ニューキノロン系抗菌薬（ジェニナック、アベロックス、クラビット）

or

セフトリアキソン注射薬（ロセフィン）
＋
マクロライド系抗菌薬（クラリス、ジスロマック）

 医療連携時のポイント

- ☑ 抗菌薬の用法、用量、内服期間などを確認する
- ☑ 注意すべき症状（なんとなく元気がない、食欲がない、微熱が続くなど）や抗菌薬の副作用（下痢が多い）を理解し、報告のタイミングなどを確認する
- ☑ 治療中、いつも服用している薬の継続について確認する

ココを押さえる！

 誤嚥性肺炎は予防が大切であり、口腔ケアと食事介助がとくに重要です。繰り返し誤嚥性肺炎を起こす場合は、原因を究明して予防策を徹底させましょう。

呼吸器疾患

肺炎球菌などによる肺炎

どういう病気か

- 細菌やウイルスなどの病原体が肺に入って感染し、肺に炎症が起こる
- 肺炎球菌の感染によって起こる肺炎のほかに、日常生活を送っている中で起こる「市中肺炎」、手術の合併症などで起こる「院内肺炎」がある
- 肺炎球菌の場合は、感染者が咳やくしゃみをしたときに菌が飛び散り、他人に感染する（飛沫感染）。抵抗力が弱っていると発症する

症状

- 高熱、咳・痰、呼吸困難、胸痛などが主な症状だが、高齢者の場合は熱が出ないこともある
- 呼吸数や脈拍数が増える
- 食欲不振、倦怠感、悪寒、筋肉痛、関節痛などが伴うこともある
- 肺炎球菌に感染した場合は、肺炎のほかに、副鼻腔炎（蓄膿症）や中耳炎、髄膜炎、敗血症なども起こる可能性がある

治療法

薬物療法

- 抗菌薬の内服や注射
- 高齢者に対しては、点滴による水分や電解質の補給などが必要なこともある

酸素吸入

- 肺機能が低下したときは酸素吸入を行う

体位の工夫

- 息苦しさや呼吸困難がある場合は、半座位〜座位が楽なこともある

日常生活の注意点

肺炎治療中

- ☑ 呼吸が楽な体位（半座位〜座位）を保つ
- ☑ 発熱時は、必要に応じて冷罨法を行う
- ☑ 水分を補給する

肺炎の予防

- ☑ 市中肺炎を予防するために、高齢者の場合はインフルエンザや肺炎球菌の予防接種を、流行時期の前に実施することが望ましい

処方されるお薬

細菌性市中肺炎

分類	例
抗菌薬	ミノマイシン、クラリス など ※ウイルス性肺炎の場合は、抗菌薬は効果がないので、解熱薬など対症療法の薬が処方される

肺炎球菌による肺炎

分類	例
抗菌薬	サワシリン、クラビット、ジェニナック、アベロックス など

肺炎球菌ワクチンについて
- 肺炎はさまざまな原因で起こり、また、肺炎球菌には多くの血清型があるので、過去に肺炎になったり、肺炎球菌感染症にかかったりしていても定期接種の対象者となる

※詳しくは厚生労働省ホームページを参照

 医療連携時のポイント

- ☑ 肺炎が疑われる場合の連絡法を確認
- ☑ 抗菌薬の服用方法や副作用（下痢が多い）を理解しておく
- ☑ 呼吸器の症状のほか、なんとなく元気がない、食欲がない、微熱が続くなどの症状があれば、医療職に報告する

ココを押さえる！

 症状を悪化させず、回復を促すケアを行うとともに、家族や介護スタッフが感染しないように感染予防対策を徹底させましょう。

感染症疾患

かぜ症候群（インフルエンザ・コロナを含む）

どういう病気か

- ウイルスが感染したことによる急性上気道炎。鼻の症状（鼻水、くしゃみなど）、喉の痛み、咳という3つの症状が、同じ時期に同じ程度現れ、1週間程度で治る
- かぜ症候群を引き起こすウイルスは、200種類以上あるといわれる
- インフルエンザは、インフルエンザウイルスによる感染症。A型、B型、C型の3種類がある
- 潜伏期間は1〜3日

症状

- かぜ症候群は、鼻の症状（鼻水、くしゃみなど）、喉の痛み、咳が主症状。悪寒、頭痛、発熱がみられることもある
- インフルエンザは、38℃以上の発熱、頭痛、関節痛、筋肉痛などの全身症状のほか、喉の痛みやせき、痰、鼻水などもみられる。気管支炎や肺炎、心不全などが併発することもある
- インフルエンザ以外のかぜ症候群でも、細菌感染が併発し、高熱、下痢、咽頭痛、関節痛が現れ重症化することも

治療法

- かぜ症候群は、細菌感染がなければ十分な栄養と水分、休息で様子を見る
- インフルエンザの場合は、発症後48時間以内に抗インフルエンザ薬を投与する。発熱などの症状が治まっても、発症後5日間は鼻や口からウイルスを排出し、人にうつす可能性があるので外出は控える
- 脱水の危険がある場合は、点滴で水分や電解質を補給する

日常生活の注意点

- ☑ 脱水症状に注意する
- ☑ 栄養と睡眠を十分にとる
- ☑ 部屋の湿度を保つ
- ☑ 主に飛沫感染で感染するほか、唾液や鼻水がついた物を手で触り、それを口に運んで感染することもあるので、正しく手洗いし、手袋やマスクを着用して予防する
- ☑ 高齢者はかぜ症候群などで1週間寝込んだことをきっかけに、筋力が低下して要介護度が上がることもあるので注意
- ☑ インフルエンザはワクチンで予防する

処方されるお薬

分類	例
解熱鎮痛薬	カロナール など
咳を鎮める薬	アストミン、アスベリン、メジコン など
痰の切れをよくする薬	ムコダイン、ムコソルバン など
鼻水、鼻づまりの薬	ポララミン、アレグラ など
総合感冒薬	PL顆粒
消炎鎮痛剤	ロキソニン など
※インフルエンザの場合 抗インフルエンザ薬	タミフル、リレンザ、イナビル、ラピアクタ（点滴）

- 細菌感染を伴う場合は抗菌薬も使用する
- 抗菌薬や抗インフルエンザ薬の副作用で下痢となると、さらに脱水を起こしやすいので注意する

 医療連携時のポイント

- ☑ 処方された薬の内容を把握し、注意すべき副作用を確認する
- ☑ 脱水症状などに注意し、適切に医療機関に報告、あるいは医療機関を受診する
- ☑ 感染予防（手洗い、口腔ケア、室内の湿度を保つなど）に努める

ココを押さえる！

 高齢者がインフルエンザにかかると重症化することも。高齢者本人だけでなく、外部から持ち込まないよう家族やスタッフも予防接種を受けるようにしましょう。

PART3 高齢者によくみられる疾患

感染症疾患

MRSA

どういう病気か
- 一般の抗菌薬が効かないメチシリン耐性黄色ブドウ球菌（MRSA）という細菌による感染症
- 抵抗力の低い高齢者が感染すると、皮膚の傷が化膿したり、肺炎、敗血症、感染性心内膜炎、骨髄炎、髄膜炎などを引き起こすことがある
- 普通の黄色ブドウ球菌と違い、有効な抗菌薬が限られる

症状
- 傷口の化膿、蜂窩織炎（赤く腫れて痛むおできができる）、毛包炎（毛穴に炎症が起こる）など
- 肺炎：発熱、咳、痰、食欲低下など
- 敗血症：悪寒と震え、発熱、体の疼痛や不快感、息切れ、早い呼吸、頻脈、意識低下、冷たく湿った皮膚など
- 感染性心内膜炎：発熱、倦怠感、関節痛など
- 髄膜炎：発熱、頭痛、嘔吐など

治療法

薬物療法
- MRSAに効果がある抗菌薬の処方

経過観察
- MRSAが皮膚や鼻の中から見つかっても、症状が出ないこともあり、その場合はとくに治療は行わない

※医師が、除菌が必要と判断した場合は、鼻の中に塗る軟膏やうがい薬が処方される

日常生活の注意点
- ☑ 高齢者介護施設などでは、職員が入所者の処置を行った後の手洗いを徹底すること、入所者の清潔保持、環境整備が大切
- ☑ 感染した人を隔離する必要はないとされている
- ☑ MRSAの症状がある場合は、各症状に応じた療養生活を送る

処方されるお薬

抗MRSA薬

分類	例
グリコペプチド系薬	バンコマイシン、テイコプラニン
アミノ配糖体系薬	アルベカシン
オキサゾリジノン系薬	リネゾリド
環状リポペプチド系薬	ダプトマイシン

 医療連携時のポイント

- ☑ 感染予防対策について十分に説明を受け、確実に実行する
- ☑ 治療者や家族が不安を感じている場合は話を聞き、医療職に必要な情報を提供する
- ☑ MRSAの症状がある場合は、状態を継続的に観察し、変化があれば医療職に報告する

ココを押さえる！

MRSAは症状がない場合があり、無症状で治療を要さないことも。健康な人に害を及ぼすことはほとんどありませんが、施設内感染などに注意が必要です。

感染症疾患

食中毒

どういう病気か

- 食べ物や飲み物を口にすることによって起こる健康被害のこと
- 細菌やウイルスのほか、毒キノコやフグ毒によっても起こる
- 高齢者の場合、「もったいない」という気持ちから、消費期限の過ぎたものや、一度開けて常温で長時間置いたものなどを食べて食中毒になることもある
- 冷蔵庫での保存の仕方が適切でなく、食品の鮮度が落ちることもある

症状

消化器症状

- 腹痛、下痢、吐き気、嘔吐など

全身症状

- 発熱、倦怠感など

※潜伏期間は細菌やウイルスによって異なり、食品を食べた直後、あるいは1週間以上経ってから症状が現れることがある

治療法

補液

- 脱水症状の予防、改善のための点滴薬物療法
- 原因となった細菌に有効な抗菌薬を投与することもある

※軽度の場合は、水分補給と絶食で様子をみることもある

※嘔吐や下痢は原因となった食べ物や細菌などを排除しようとする体の反応。下痢止めの服用は症状を悪化させることがあるため注意する

日常生活の注意点

（予防）

- ☑ 冷蔵庫に詰め込みすぎない
- ☑ 調理や食事の前に石けんで手を洗う
- ☑ 生肉や魚、卵を触ったら手を洗う
- ☑ 冷凍食品の解凍は冷蔵庫や電子レンジを使い、自然解凍は避ける
- ☑ 消費期限の過ぎたもの、一度開けて放置した食べ物・飲み物は捨てる
- ☑ 宅配食や弁当は早めに食べ、食べ残したものは捨てる
- ☑ ストローやカップは一度使ったら洗う
- ☑ 布巾や手拭き用のタオルを清潔に保つ

処方されるお薬

分類	例
吐き気止め（吐き気がひどい場合）	ナウゼリン、プリンペラン
整腸薬（下痢がひどい場合）	ビオフェルミン

嘔吐物や排泄物の処理
① 使い捨てのエプロン、マスク、手袋を着用して作業する
② 汚物中の細菌などが飛び散らないように、ペーパータオルで静かに拭き取る
③ 拭き取った後は次亜塩素酸ナトリウムで浸すように拭き、水拭きする
④ 使用したペーパータオルはビニール袋に入れて密封して捨てる

 医療連携時のポイント

- ☑ 吐き気や下痢が軽度のため在宅で様子をみている場合、どうなったら医療機関に連絡すべきか医療職に確認する
- ☑ 吐き気のために、お薬が飲めないということがないか確認し、飲めないようなら報告する
- ☑ 下痢で肛門や臀部にただれができていないか確認し、悪化する前に報告する
- ☑ 吐物や便に血が混じる場合や、呼吸が速いなどの症状がみられたらすぐに医療機関に連絡

ココを押さえる！

 高齢者が、食べ残しや飲み残しを「もったいないから」「あとで食べるから」と言って取っておこうとしても、食中毒の危険を説明して捨てるように促しましょう。

循環器疾患

高血圧症

どういう病気か

- 遺伝や環境（食事、運動不足、ストレスなど）による「本態性高血圧」（一次性高血圧）と、各種疾患が原因の「二次性高血圧」があり、日本人の9割は本態性高血圧
- 症候性高血圧の原因には、腎臓病や糖尿病、甲状腺の病気などがある。薬剤が原因のことも（薬物誘発性高血圧）
- 高血圧を放置すると動脈硬化が進み、脳卒中や心筋梗塞などを引き起こすリスクが高くなる

症状

- 自覚症状はほとんどないが、動悸、息切れ、めまい、耳鳴りがみられることもある
- 肩こりや頭痛を感じることもあるが、これらも高血圧特有の症状ではない
- 二次性高血圧の場合は、原因となっている病気により、むくみや過剰な汗などの症状がみられる

治療法

生活習慣の改善

- 食塩の摂取量を制限する（1日6g未満）
- 油物の摂取量を制限する
- 禁煙
- アルコール摂取を適量にする
- 適度な運動をする

薬物療法

- 降圧薬（血圧を下げる薬）の内服

日常生活の注意点

- ☑ 降圧薬の効果で血圧が下がっても、生活習慣の改善は続ける
- ☑ 血圧が急激に上がるのを防ぐ
- ☑ 極端に熱い風呂やサウナ、冷水浴を避ける。居室と浴室やトイレの温度差を小さくする
- ☑ ストレスを減らす。質のよい睡眠
- ☑ 毎日の血圧測定は、できるだけ決まった時間に、決まった条件で測定する

処方されるお薬

血圧を下げる薬

分類	例
カルシウム拮抗剤	アムロジン、ノルバスク、アダラート
ACE阻害薬	レニベース、セタプリル、カプトリル
ARB阻害薬	ブロプレス、ディオバン、ニューロタン、オルメテック
ループ利尿剤	ラシックス、ルプラック、ダイアート、アルダクトンA など
β遮断薬	テノーミン、メインテート
α遮断薬	デタントール、カルデナリン

- 血圧は人によって左右差があるため、左腕と右腕で血圧が10mmHg以上違う場合は、高い方の腕で測定する

医療連携時のポイント

- ☑ 降圧目標を医師や看護師に確認する
- ☑ 服薬中の降圧薬について、副作用を把握しておく
- ☑ 降圧薬の種類の変更に注意し、変更があった場合は、何に注意すべきか確認する
- ☑ 薬の飲み忘れ等による残薬、他の薬との飲み合わせなどについて、医師や薬剤師と情報を共有する

ココを押さえる！

血圧を下げる薬には、グレープフルーツやセントジョーンズワート（ハーブの一種）と食べ合わせの悪いものがあるので、医師や看護師、薬剤師に確認しましょう。

PART3 高齢者によくみられる疾患

循環器疾患

狭心症・心筋梗塞（虚血性心疾患）

どういう病気か
- 心臓の病気の中で最も多いのが虚血性心疾患
- 心臓の筋肉に酸素や栄養を送っている血管（冠動脈）が動脈硬化で狭くなったり詰まったりして、そこから先の心臓に酸素や栄養が届かなくなる
- 冠動脈が狭くなって起こるのが狭心症、血流が途絶えた先の心筋が壊死（組織が死ぬこと）するのが心筋梗塞

症状

狭心症
- 圧迫感を伴う胸の痛み
- 胸からあごの左腕へ痛みが広がる
- 数分〜10分以内に症状が治まる
- 急な息切れ、胸の圧迫感が前兆となる

心筋梗塞
- 激烈な胸の痛み

治療法

薬物療法
- 発作を防ぐ薬と発作時に飲む薬

手術療法
- 冠動脈の狭くなった部分を拡げたり、ステント（金属メッシュの筒）を入れる
- バイパス手術で、狭くなった血管を迂回して血液が流れる道をつくる

日常生活の注意点
- ☑ バランスのよい食事と適度な運動
- ☑ 禁煙。飲酒は避ける
- ☑ 発作時に使用する薬を身近に置いておく
- ☑ 薬を使用しても20分以上症状が治まらない場合は病院に行く

処方されるお薬

労作性狭心症

分類	例
血管を拡げる薬	内服薬：シグマート、ニトロール など 貼り薬：フランドルテープ
運動時の心筋酸素消費量を減らす薬	メインテート など
血栓ができるのを防ぐ薬	バイアスピリン など

血管がけいれんするタイプの狭心症

分類	例
心臓の動脈（冠動脈）を拡げる薬	ニトロール、アイトロール など
心拍数を減らす薬	テノーミン、メインテート など
発作時に飲む薬	ニトロペン
血管を拡げる薬	ミコオール（舌下にスプレーする）、ニトロペン（舌下で溶かす錠剤）など

 医療連携時のポイント

- ☑ 狭心症のタイプ、誘発因子などを確認する
- ☑ 発作時の対応や薬の使い方について、医師や看護師、薬剤師に確認しておく
- ☑ 胸痛の場所、痛みの持続時間、バイタルサインを確認して医療職に報告する
- ☑ 心筋梗塞では背中、みぞおち、歯の痛みなどを感じることもある

ココを押さえる！

冠動脈硬化の原因になる脂質異常症、糖尿病、高血圧の管理が大切です。高齢者は、狭心症や心筋梗塞の発作で典型的な胸の痛みが出ないこともあります。

循環器疾患

不整脈

どういう病気か

- 脈が乱れる病気。脈が遅くなる徐脈（じょみゃく）、速くなる頻脈（ひんみゃく）、脈が飛ぶ期外収縮に分けられる
- 頻脈は脈数が100／分以上、徐脈は50／分以下の場合と定義されている
- 心臓のリズムは、心臓の上の方（洞結節）で発生する電気によってコントロールされているが、電気が発生しなかったり、別のところで発生したりする
- 脳梗塞の原因になりやすい

症状

- **徐脈**：脈拍数が極端に少なくなると、体を動かすときなどに強い息切れ、めまい、眼前暗黒感がみられる。失神（意識消失）が起こることもある
- **頻脈**：突然始まる動悸。高度頻脈が続くと脈が触れにくくなり、息苦しさや冷や汗が出たり、心不全を起こすことがある
- **期外収縮**：胸部の不快感、締めつけられるような胸の痛み、脈の飛ぶような感覚

治療法

薬物療法

- 抗不整脈薬や血栓ができるのを防ぐ薬

ペースメーカーなど

- 徐脈性不整脈に対しては、心臓に一定のリズムで電気信号を送るペースメーカーを胸に入れて脈を整える
- 心室粗動、心室細動などの危険な頻脈は、植え込み式除細動器（ICD）を使用

日常生活の注意点

- ☑ 禁煙、アルコールやカフェインを過度に摂取しない、ストレスをためない
- ☑ 便通を整える
- ☑ 長風呂、熱すぎる場所は避ける
- ☑ ペースメーカーや植え込み式除細動器を使用中の場合は、IH調理器、IH炊飯器、電気工具や磁石など、電磁波を発する機械を胸に近づけない
- ☑ ペースメーカーなどの機器が正常に動いていることを確認したり、電池を交換するために定期検診を必ず受ける

処方されるお薬

徐脈

分類	例
※ペースメーカーが使えない人に対して血栓ができるのを防ぐ薬	プレタール

頻脈

分類	例
血液をサラサラにする薬（抗血液凝固薬）	ワーファリン、プラザキサ
発作が起こった時に脈を整える薬	※注射薬で治療することが多いが、心房細動（頻脈の一種）には、ワソラン、ジゴシンといった内服薬が処方されることもある ※抗不整脈薬にはいくつかのタイプがあり、その人の不整脈がどのようなものであるかによって使い分ける

医療連携時のポイント

- ☑ 脈拍の測定は必ず実際に触れて測る（自動血圧計などでは脈を正確に測れないため）
- ☑ ペースメーカーや植え込み式除細動器について、特段の注意事項があるか確認
- ☑ 脳梗塞など、緊急の対応が必要な場合の症状について理解しておく
- ☑ 緊急時に連絡する医療機関を確認しておく
- ☑ 動悸、息切れ、普段と違う脈の乱れを自覚した時はすぐに診察を受ける
- ☑ 脳梗塞の症状に注意する

ココを押さえる！

ペースメーカーなどを使用している人は、ペースメーカー手帳やICD手帳を持っています。万が一の時のために、外出時や受診時は常に携帯しましょう。

循環器疾患

心不全

どういう病気か

- 心臓の働きの低下や弁膜症、腎臓の機能低下などにより、むくみや息切れなどの症状が現れる
- 急性心不全は急に症状が現れる。弁膜症や心筋梗塞、心筋症など心臓病の悪化、風邪や過労、貧血、脱水などで起こる
- 慢性心不全は、持続的に症状が続いている状態
- よくなったり悪くなったりを繰り返しながら多くはゆっくり進行する

症状

- 心臓の働きが低下するに従い、食欲低下、咳、痰、浮腫、尿量減少なども出現する。急な体重増加には注意が必要
- 主な症状は、疲労、動悸、呼吸困難、狭心症状。上体を起こすと楽になる（起座位）

治療法

急性心不全
- 病院での救命治療

慢性心不全
- **薬物療法** …… 体の余分な水分を取り除く薬、心臓の働きを助ける薬、心臓の負担を軽くする薬などで治療する
- **原因疾患の治療** …… 狭心症や心筋梗塞、弁膜症など、心不全の原因となっている病気を治療する

日常生活の注意点

- ☑ 過労や疲労、長時間の入浴などは避け、心臓に負担をかけないようにする
- ☑ 症状に応じて適度な運動をする
- ☑ 塩分（1日6g未満）や水分を摂りすぎない
- ☑ 禁煙。アルコールを控える
- ☑ 下肢のむくみや体重増加がみられる場合は医療職に相談する（毎日同じ条件で体重を測る）
- ☑ 仰向けになると息苦しさや咳が強くなる場合は、すぐに専門医を受診する

処方されるお薬

急性心不全

緊急入院して治療を行う

慢性心不全

分類	例
心臓の負担を軽くする薬	レニベース、プロプレス など
むくみを取る薬（利尿薬）	ラシックス、ルプラック、アルダクトンA など
心臓の収縮力を強くする薬	ジゴシン、アカルディ、ピモベンダン など
心臓を休ませる薬	アーチスト、メインテート など

> **自覚症状による重症度分類**
> Ⅰ度：日常生活では症状がない
> Ⅱ度：日常的な動作で症状が起こる
> Ⅲ度：日常的な動作以下の労作で症状が起こる
> Ⅳ度：安静にしていても症状が起こり、少しでも体を動かすと症状が強くなる

PART3 高齢者によくみられる疾患

 医療連携時のポイント

- ☑ 1日の適切な水分摂取量を医療職に確認しておく（夏と冬それぞれの量を確認）
- ☑ 塩分の制限、尿回数や尿量のチェックの必要性を確認
- ☑ 心不全が悪化したときはすぐ医療職に連絡する
- ☑ 歩行後や入浴後の息切れの有無、睡眠状況を確認して医療職と情報共有する

ココを押さえる！

 急性心不全は迅速に対応しないと命に関わることもあるので注意。慢性心不全の場合は、急変時に医療職との連携が重要になるので、日頃から情報を共有します。

循環器疾患

閉塞性動脈硬化症 (ASO)

どういう病気か
- 手足（四肢）に起こる動脈硬化末梢動脈疾患とも呼ばれる
- 手（上肢）や足（下肢）の動脈が狭くなったり詰まったりする
- 50歳以上の男性に多く、肥満・高血圧・喫煙などが原因といわれる
- 太ももの付け根（大腿動脈）や足の甲（足背動脈）で、脈が触れないことで診断できる。確定診断は画像検査などで行う

症状

症状は4段階に分けられる

Ⅰ度
- 手足が冷たくなって（冷感）しびれたり、青白くなったりする

Ⅱ度
- しばらく歩くとふくらはぎなどが締めつけられるように痛み歩けなくなるが、休むと痛みがなくなり再び歩ける（間欠性跛行）

Ⅲ度
- 安静にしていても痛みが続く（安静時疼痛）

Ⅳ度
- 手足に潰瘍ができ、壊死することもある

治療法

原因疾患の治療
- 動脈硬化の原因である糖尿病、高血圧、脂質異常症の治療を行う

生活改善
- 食事や運動習慣の改善、禁煙など

薬物療法
- 血管拡張薬や血液を固まりにくくするお薬（抗血小板薬、抗凝固薬）の処方

運動療法
- 歩くことにより、血管にバイパス（側副血行路）ができて血行が改善する

カテーテル治療・手術
- Ⅲ度やⅣ度の場合はカテーテル治療や血行再建術を行うこともある

日常生活の注意点

- ☑ 禁煙を厳守する
- ☑ 食習慣や運動習慣（歩くことを心がけるなど）を改善し、血糖や血圧をコントロールする

処方されるお薬

分類	例
血管拡張薬	エバデール、パルクス（点滴）
抗血小板薬、抗凝固薬	ワーファリン、小児用バファリン、バイアスピリン、パナルジン

> 「急性下肢動脈閉塞症」に注意！
> - 下肢の動脈が突然詰まり、血流が急激に減少することがあり、その場合は下肢切断だけでなく命が危険になることもある。足の脈拍が触れない、足が蒼白で痛みがある、足の感覚がなく動かせないといった症状が現れたら、すぐに医療機関に連絡する

日常生活の注意点 2

- ☑ 手足を冷やさないようにし、入浴で血行をよくする
- ☑ 手足の清潔を保ち、手足に傷をつくらないように気をつける（靴ずれ、深爪などに注意）。手足に傷ができたら放置しない

医療連携時のポイント

- ☑ 閉塞性動脈硬化症の進行度（Ⅰ度〜Ⅳ度）を確認しておく
- ☑ 日常生活の注意点を確認し、利用者が実行できるように支援する
- ☑ 症状を観察し、悪化している場合は報告する（症状を具体的に伝える）
- ☑ お薬の服用を確認し、飲めていないときは飲めない理由を聞き、医療者に報告する
- ☑ 手足に傷ができていたら医療者に報告する

ココを押さえる！

喫煙歴の長い高齢男性によくみられる疾患です。重症化すると下肢切断に至ることもあるので、生活習慣の改善と服薬、手足の保護を徹底することが大切です。

代謝・内分泌疾患

脂質異常症

どういう病気か

- 血液検査で、LDL-コレステロール140mg/dl以上、中性脂肪150mg/dl以上、HDL-コレステロール40mg/dl未満のうち、1つでも当てはまれば脂質異常症と診断される
- 原因は食べすぎと運動不足による肥満だが、生まれつきLDL-コレステロール値や中性脂肪値が高い人もいる
- 放置すると動脈硬化になり、心筋梗塞などの動脈硬化性疾患につながる

症状

- 自覚症状はない
- 肥満が原因のメタボリックシンドロームから、高血圧や高血糖になり、狭心症や心筋梗塞、脳梗塞などの動脈硬化性疾患が起きて気づくこともある
- 下肢の動脈が詰まる閉塞性動脈硬化症（ASO）になると、下肢のしびれや痛み、間欠跛行などが現れる

治療法

- 薬の飲み忘れや残薬の状況の確認
- 喫煙（受動喫煙にも注意）、むし歯、歯周病など動脈硬化の危険因子の有無の確認
- 動脈硬化性疾患の兆候の早期発見
- 体重コントロールができているか。できていないなら何が問題か
- 食習慣、調理方法や食事中の環境の改善

日常生活の注意点

- ☑ 食事と運動の習慣を整える。特に炭水化物（糖質）の摂りすぎ、間食、夜遅くの夜食は控える（糖質コントロール）
- ☑ 運動療法には、血管を丈夫にして血栓をできにくくする効果がある
- ☑ 動脈硬化の危険因子である喫煙、ストレス過多、感染症（むし歯、歯周病、クラミジア感染症など）を避ける
- ☑ 過食を控え、標準体重を維持する

処方されるお薬

LDL-コレステロールを下げる薬

分類	例
肝臓でのコレステロールの合成を抑える	スタチン（メバロチン、リポバス、ローコール、リピトール、リバロ、クレストール）
小腸でのコレステロールの吸収を抑える	小腸コレステロールトランスポーター阻害薬（ゼチーア）
コレステロールの吸収を妨げる	レジン（クエストラン、コレバイン）
コレステロールの体外排出を促す	プロブコール（新レスタール、ロレルコ）

中性脂肪を下げる薬

分類	例
中性脂肪の排出を促す	フィブラート系薬（ベサトール、ベザリップ、リピディル、トライコア など）
脂肪組織の脂肪分解を抑える	ニコチン酸誘導体（ユベラN、ユベラニコチネート、コレキサミン、ペリシット）
・肝臓での中性脂肪の合成を抑える ・動脈の弾力性を保つ ・血液をサラサラにする	EPA製剤（エパデール）

医療連携時のポイント

- ☑ 薬の服用状況について医師、看護師、薬剤師と情報を共有する
- ☑ 標準体重を確認する

ココを押さえる！

LDL-コレステロールは「悪玉」、HDL-コレステロールは「善玉」とも表現されます。薬物療法の継続も大切ですが、適正体重に近づけることで改善が可能です。

代謝・内分泌疾患

糖尿病

どういう病気か

- 食べすぎや運動不足などによる肥満が主な原因の2型糖尿病と、インスリンの分泌量が絶対的に不足する1型糖尿病がある。1型は子どもや若い人に多い
- 糖尿病の9割以上を占めるのは2型。ほとんどが中高年以降に発症する
- 3大合併症として、網膜症、腎症、末梢神経障害がある。冠動脈疾患や脳血管疾患などの発症リスクも上がる

症状

- 2型糖尿病の初期は自覚症状がないが、血糖が高い状態が続くと、頻尿、のどの渇き、食べているのに痩せる、体がだるく疲れやすいなどの症状が出現する
- 進行すると、目が見えにくくなる（視力障害）、足がむくむ、手足がしびれるなどの症状が現れる
- 糖尿病性の網膜症から失明したり、腎症で人工透析が必要になったりする。神経障害により下肢の壊死（組織が死ぬこと）や切断に至ることもある

治療法

食事療法

- 1日に摂取してよいカロリー量の範囲で、バランスよく栄養を摂る

運動療法

- 毎日適度な運動をする

薬物療法

- インスリンの分泌を促す薬や、インスリンの働きをよくする流薬をなどを用いる
- 不足しているインスリンを注射で補うことによって、食べたもののエネルギーを体に取り込めるようになる（インスリン療法）

日常生活の注意点

- ☑ 糖質（ご飯、パン、お菓子など）を食べすぎないようにする
- ☑ 風邪などで体調を崩すと、血糖値が乱れることがあるので体調を整える
- ☑ 傷が治りにくく、靴ずれや深爪から壊死に発展することがあるので注意する
- ☑ 薬の影響による低血糖症状（強い空腹感、冷や汗、手足のふるえ、眠気、吐き気など）に注意する

処方されるお薬

分類	例
炭水化物の吸収を緩やかにして食後血糖値の上昇を抑える	α-グルコシダーゼ阻害薬（α-GI）（ベイスン、セイブル）
尿中へのブドウ糖排泄を促す	SGLT 2阻害薬（スーグラ、フォシーガ、ルセフィ、デベルザ、カナグル、ジャディアンヌ）
インスリンの効き具合をよくする	チアゾリジン薬（アクトス）
肝臓で糖が新しく作られるのを抑える	ビグアナイト薬（メトグルコ、グリコラン、ジベトス、ジベトンS）
インスリンの分泌、効き具合をよくする	イメグリミン（ツイミーグ）
血液中の糖が増えたときだけインスリンの分泌を促す	DPP-4阻害薬（ジャヌビア、グラクティブ、エクア、ネシーナ、トラゼンタ、テネリア、スイニー、オングリザ）
血液中の糖が増えたときだけインスリンの分泌を促し、食欲低下作用もある	GLP-1受容体作動薬（ビクトーザ、トルリシティ）
インスリンの分泌を促す	スルホニル尿素（SU）薬（オイグルコン、オゼンピック（皮下注射）、グリミクロン、アマリール）
より速やかにインスリンの分泌を促し、食後高血糖の上昇を緩やかにする	速効型インスリン分泌促進薬（グリニド薬）（グルファスト、シュアポスト、スターシス、ファスティック）

 医療連携時のポイント

- ☑ 低血糖を起こすような薬が処方されているか、食事を食べなかった場合服用すべきか、低血糖を疑う症状があった場合の対処法について確認する
- ☑ 薬の変更や、インスリンの量の変更などの情報を、医療職と共有する
- ☑ 靴ずれなどを発見したら、主治医や訪問看護師に報告する

ココを押さえる！

食事制限は体重コントロールと、膵臓の負担の軽減のため、運動はカロリー消費と、インスリンの働きをよくするために必要。生活習慣の改善が進行を抑制します。

代謝・内分泌疾患

高尿酸血症 (痛風)

どういう病気か

- 高尿酸血症は、血液中の尿酸が高い状態。血液中の尿酸値が7.0mg/dLを超えると、「高尿酸血症」と診断される
- 痛風は、血液中の尿酸が結晶となり、関節や足の親指などにたまって炎症を起こして激しく痛む「痛風発作」のこと
- 食事に含まれるプリン体と体内で作られるプリン体から尿酸ができる

症状

- 高尿酸血症でも無症状の人がいる
- ある日急に、足の親指などが赤く腫れて激しく痛む痛風発作が起こる
- 痛風の激痛は、足の親指に限らず、足の関節、足の甲、アキレス腱の付け根、膝関節、手関節にも起こる
- 耳たぶに、痛風結節と呼ばれるしこりができることもある
- 高尿酸血症が尿路結石を引き起こすこともある

治療法

生活習慣の改善

- 食事と運動習慣を見直し、肥満を改善する
- アルコールを摂りすぎない
- プリン体の多い食品を避ける

薬物療法

- 尿酸降下薬、鎮痛薬、痛風発作予防薬、酸性尿改善薬などを処方する

💊 日常生活の注意点

- ☑ 食べすぎ、飲みすぎをしない
- ☑ アルコール全般(特にビール)、レバー、魚の干物や白子・卵など、プリン体の多い食品を控える
- ☑ 野菜や乳製品を積極的に食べる
- ☑ 水分をよく摂る

処方されるお薬

分類	例
尿酸排泄促進薬	ベネシッド、ユリノーム、ユリス など
尿酸生成抑制薬	ザイロリック、フェブリク、トピロリック など
尿酸分解酵素薬	ラスリテック
鎮痛薬	ナイキサン など
痛風発作予防薬	コルヒチン
酸性尿改善薬	ウラリット

 医療連携時のポイント

- ☑ 医療食による栄養指導の内容を把握し、食事内容を確認する
- ☑ 栄養指導の内容を守れない場合、その理由を丁寧に聞き、医療職とともに個別的な食事療法を検討する
- ☑ どのようなときに痛風発作が起こりやすいか観察し、医療職に情報提供する

ココを押さえる！

痛風発作を予防することが重要。歩行が困難になると筋肉量・筋力の低下につながります。日常生活の注意点を守り、お薬をきちんと飲めるように支援します。

代謝・内分泌疾患

甲状腺機能低下・亢進症

どういう病気か
- いずれも女性に多い病気

甲状腺機能低下症（代表的な疾患：橋本病）
- のどのところにある甲状腺の働きが悪くなり、甲状腺ホルモンの分泌が減る
- 甲状腺ホルモンの低下により代謝が落ち、疲労感やむくみなどが現れる

甲状腺機能亢進症（代表的な疾患：バセドウ病）
- 甲状腺ホルモンが必要以上に分泌され、代謝が高まって動悸や多汗などの症状が現れる

症状

甲状腺機能低下症
- 無気力、疲労感、むくみ、寒がり、体重増加、動作が遅い、記憶力低下、便秘など
- 軽度の場合は症状が目立たないこともあるが、重症になると傾眠や意識障害も現れる

甲状腺機能亢進症
- 動悸、体重減少、指の震え、暑がり、多汗、疲れやすい、軟便・下痢、筋力低下、精神的にイライラして落ち着かない
- 重症になると目が飛び出してくる

※いずれの場合も甲状腺（首の前側）が腫れてくる

治療法

甲状腺機能低下症
- 甲状腺ホルモンの処方

甲状腺機能亢進症
- 甲状腺の働きを抑えるお薬（抗甲状腺薬）を処方する
- 抗甲状腺薬で効果がない場合などには、放射性ヨード（ヨウ素）を処方する（放射性ヨード内服療法）
- 甲状腺をすべてまたは半分切除する（切除後は甲状腺ホルモンを生涯飲み続ける）

日常生活の注意点
- ☑ 治療で甲状腺ホルモンが正常値になるまで無理をしない
- ☑ ヨウ素を多く含む海藻類の過剰摂取を避ける（制限する必要はない）

処方されるお薬

分類	例
甲状腺機能低下症	チラージンS
甲状腺機能亢進症	メルカゾール、プロパジール、チウラジール

> **放射性ヨード内服療法**
> - 放射性ヨード内服療法は、ヨウ素（ヨード）が甲状腺に集まる性質を利用し、放射線の作用で甲状腺を小さくする治療法
> - 抗甲状腺薬の効果が得られない場合、副作用が出た場合、手術後に甲状腺機能亢進症が再発した場合などに行われる
> - 放射性ヨード内服療法中は抗甲状腺薬を飲まない

医療連携時のポイント

- ☑ 甲状腺機能亢進症の場合、活動量が低下しすぎないように、どのような活動なら可能か医療職に確認し、できることは本人にしてもらうようにする
- ☑ 薬物療法を開始してからの症状の変化を観察し、医療職に情報提供する
- ☑ 海藻類が好きな人の場合、何をどの程度なら食べてよいか医療職に確認し、治療と好きなものの摂取が両立できるように支援する

ココを押さえる！

甲状腺機能低下症に一度なると、生涯にわたり甲状腺ホルモンの補充が必要になることが多く、甲状腺機能亢進症も長期の受診が必要になることを理解しましょう。

脳神経疾患

睡眠障害

どういう病気か

- 自律神経のバランスが乱れ、交感神経の異常な緊張や興奮から十分な睡眠や質のよい睡眠が得られない状況
- 60歳以上で急増し、70歳以上では30%にみられ、加齢とともに増加する
- 体の痛みやかゆみ、咳、夜間頻尿などのほか、昼寝や運動不足が原因のこともある
- うつ病などの精神科疾患、睡眠時無呼吸症候群などの病気、薬の影響で起こることもある

症状

- なかなか寝つけない「入眠困難」、夜間に頻繁に目が覚める「中途覚醒」、朝早く目覚めて再入眠できない「早朝覚醒」、熟眠感を得られない「熟眠障害」がある
- 夜間に十分な睡眠を得られないと、昼間の眠気や集中力の低下、認知機能の低下につながる
- 昼間も寝てばかりいたり、昼夜逆転したりすることもある

治療法

不眠の原因を治療する

- 睡眠時無呼吸症候群、むずむず脚症候群、過眠症など、睡眠障害に結びつく病気の治療を行う
- 体内時計（概日リズム）を整える
- 薬が原因と考えられる場合は、服用している薬の見直しを行う

薬物療法

- 睡眠障害のタイプに応じた薬の処方

日常生活の注意点

- ☑ 寝る前に水分を摂りすぎない（夜間にトイレに起きるのを防ぐ）
- ☑ 睡眠薬を処方されている場合、薬を飲んだらすぐに布団に入る
- ☑ 毎日同じ時刻に起床、昼寝は15分以内など基本的な睡眠習慣を守る
- ☑ 朝起きたら日を浴びる習慣、規則正しい食事などで体内時計を整える
- ☑ 日中をできるだけ活動的に過ごし、眠る以外の目的で床の中で過ごさない
- ☑ 就寝する少し前から部屋をやや暗くし、寝る前の飲酒は避ける

処方されるお薬

分類	例
超短時間作用型 （1時間未満で効果を感じ始め、 2〜4時間効果が続く）	マイスリー、ルネスタ、アモバン など
短時間作用型 （1〜3時間で効果を感じ始め、 6〜10時間効果が続く）	リスミー、レンドルミン など
中間作用型 （1〜3時間で効果を感じ始め、 24時間前後効果が続く）	ベンザリン など
自然に近い睡眠に導入する薬	● オレキシン受容体拮抗薬（デエビゴ、ベルソムラ） ● メラトニンおよびメラトニン受容体作動薬（ロゼレム）

医療連携時のポイント

- ☑ 服用している薬の特徴、注意すべき副作用について、医療職と情報を共有する
- ☑ 眠れない理由をしっかりと聞き取り、生活習慣や睡眠環境の問題があればそれを取り除き、睡眠の問題がある場合は、医療職に相談する

加齢とともに必要な睡眠時間は少なくなる傾向があります。

ココを押さえる！

一般的に、高齢者に必要な睡眠時間は6時間程度とされていますが、個人差もあり、生活に支障がある場合に治療を考えます。

脳神経疾患

認知症

どういう病気か

- いろいろな原因によって脳の細胞が障害され、記憶や判断力などの認知機能が低下した状態が続き、生活面で支障が出ている状態
- 認知症は認知機能障害を本質とするが、体調不良や精神的なストレスから、行動・心理症状をみせることがある
- 認知症には、アルツハイマー型認知症、脳血管性認知症、レビー小体型認知症、前頭側頭葉変性症などがあり、それぞれ病態や治療法が異なる
- 65歳以上の高齢者のうち、認知症の人は2022年時点で約443.2万人。2030年には約523.1万人と推計されている（2022年厚生労働省調査）

症状

認知症の症状は個人差が大きいので、1人ひとりに応じたきめ細かいケアが必要。その人の人生を理解することが、よい介護につながる

【主な認知機能障害（中核症状）】

- 記憶障害
- 問題解決能力の障害、見当識障害、理解・判断力の障害、実行機能障害、失行・失認・失語など

【行動・心理症状（BPSD）】

- 行動症状：徘徊、異食、過食、せん妄、排尿障害、失禁、不潔行為、暴言、暴力、睡眠障害など
- 心理症状：抑うつ状態、うつ状態、幻覚、妄想、不安、焦燥など

日常生活の注意点

- ☑ 規則正しい生活ができるようにする
- ☑ 残されている能力をできるだけ活かす
- ☑ 介護者は積極的にコミュニケーションをとり、利用者の言葉や行動を否定したり、無理強いしたりしないようにする
- ☑ 家族が利用者の病気や症状を理解し、適切に接することが大切

アルツハイマー型認知症

どういう病気か

- 脳の広い範囲に変性（萎縮など）がみられる。記憶のうちでも比較的最近のことをいったん蓄積しておく「海馬」「大脳皮質」に、大きな変化がみられる
- 記憶に関わる神経伝達物質「アセチルコリン」の分泌量が低下するため、学習や記憶の障害が生じる
- 認知症全体の60〜70%を占める

どういう症状か

- 近時記憶障害から始まり、健忘失語、失行（構成失行、着衣失行）、失認（複空間失認）、無言・無動という経過をたどる
- もの忘れや、料理など順序立てて行うことが難しくなって気づくことが多い

治療法の一例：薬物療法

【アセチルコリンの分解を抑える薬に進行を遅らせる効果がある】
- **内服薬**：アリセプト、レミニール
- **貼り薬**：リバスタッチパッチ

【中枢神経の興奮を抑える薬】
- メマリー

脳血管型認知症

どういう病気か

- 脳梗塞や脳出血などの脳血管疾患が原因で起こる認知症
- 脳梗塞を原因とすることが最も多く、細い動脈の詰まりが多数起こる「ラクナ梗塞」のために発症する「多発梗塞性認知症」が70%を占める
- 動脈硬化が背景にあり男性に多い
- 認知症全体の20%を占める

どういう症状か

- 初期にはもの忘れ、続いて認知機能障害、意欲の低下、手足のしびれ、せん妄、感情の抑制困難など
- 血管の病変（梗塞出血）が起きた場所により、運動障害や失語などが起こる
- 発病の時期が比較的はっきりしており、段階的に進行するのが特徴

治療法の一例：脳血管疾患の再発防止

- 脳血管型認知症は、脳血管障害を再発することで悪化していくことが多いため、再発予防が特に重要
- 脳血管障害の危険因子である高血圧、糖尿病、心疾患などを適切に治療する
- リハビリやレクリエーションなどの非薬物治療が、生活の質（QOL）の改善に有効なことも多い

PART3

高齢者によくみられる疾患

レビー小体型認知症

どういう病気か
- 「レビー小体」という物質が、大脳皮質を含む脳に認められる。レビー小体は、もともとパーキンソン病の人の脳内で発見された物質
- 比較的男性に多い
- アルツハイマー型認知症との区別が難しい

どういう症状か
- 初期症状として、幻視、妄想、うつ。幻視、妄想は70〜80％にみられる
- 空間認識の障害（時計描画、立体模写が苦手）
- パーキンソン症状の併発、睡眠時の異常行動なども特徴
- 認知機能障害は比較的軽いが、日や時間帯によって変動する

治療法の一例：薬物療法
【認知機能を保つ薬】
- **内服薬**：アリセプト

【幻視や妄想をやわらげる薬】
- **内服薬**：アリセプト、抑肝散（漢方薬）、一部の統合失調症治療薬
- 症状に応じて、パーキンソン病治療薬、抗てんかん薬、抗うつ薬などを使用

> 行動・心理症状が起こる要因は、自分自身の精神的・身体的衰えに対する不安や怒り、大切な人との死別や社会的役割の喪失、孤独、周囲との意思疎通がうまくできないストレス、便秘などの体調不良などさまざま。これらを適切にケアすることで、行動・心理症状が改善することが少なくありません。

前頭側頭型認知症

どういう病気か
- 前頭葉や側頭葉の萎縮（縮むこと）による異常行動がみられる
- 精神症状・行動障害が目立つ「行動障害型前頭側頭型認知症」、言語障害が強く出る「意味性認知症」、そして「進行性非流暢性失語症」の3つに分類される
- 多くは60歳以下の若年で発症する

どういう症状か
- 自己中心的な行動（社会的に不適切な行動）をする「脱抑制」と、1つの行動に執着する「常同的行動」が特徴
- 脱抑制の例：身だしなみに無関心、不潔、暴力、卑猥な言葉、万引きなど
- 常同的行動の例：同じコースの散歩など、毎日同じ時間に決まった行動をする（時刻表的生活）、同じものばかり食べたり作ったりする（常同的食行動異常）、同じフレーズを繰り返し話す（滞続言語）
- 萎縮する脳の部位によっては言葉の意味がわからなくなるために「あれ」「これ」などの指示語が多くなる

治療法の一例
- 根本的な治療はないが、抗うつ薬のSSRIで、患者の脳内で減っている神経伝達物質セロトニンの量を増やすこともある
- 常同行動を活用し、困った常同行動を日常生活に支障をきたさないものに置き換える「ルーティン化療法」により、家族などの介護負担が軽減することがある

医療連携時のポイント

- ☑ どのタイプの認知症か把握する
- ☑ 服用している薬の種類と、注意すべき副作用について確認する
- ☑ 症状の変化について、医療職と情報を共有する

ココを押さえる！

行動・心理症状（BPSD）が問題となりやすいですが、症状の背景には必ず理由があります。単に問題行動ととらえないことが、認知症ケアの基本です。

脳神経疾患

パーキンソン病

どういう病気か
- 脳の黒質という部分の神経細胞が減少するため、黒質の神経細胞がつくるドパミンという神経伝達物質が減る
- ドパミンは体の運動機能を調節する働きがあるため、不足するとスムーズな動きができなくなる
- 50〜60歳で発病することが多く、日本人の罹患率は約1,000人に1人

症状
- 「運動緩慢（動きが遅い）」、「静止時振戦（静止しているときに手足が震える）」、「筋強剛（筋肉がこわばる）」が3大症状
- 排尿障害（頻尿、夜間頻尿）、排便障害（便秘）、睡眠障害、抑うつなど
- 体温調整ができない、便秘、起立性低血圧などの自律神経症状
- 睡眠障害では、横になると足がムズムズする、明け方に筋肉がこわばって痛むなどの症状がみられることもある

治療法
薬物療法
- 不足しているドパミンを補う

手術療法
- 症状に関係する神経細胞を壊して症状をやわらげる定位脳手術

その他の治療法
- 神経細胞の働きを電気刺激で活性化する脳深部刺激療法

日常生活の注意点
- ☑ できるだけ活動量を減らさず、元の生活を続け、自立した生活を保つ。外出や趣味活動も積極的に行う
- ☑ 手すりの設置や段差の解消など、生活環境を整え、転倒を防ぐ
- ☑ 杖やシルバーカー、歩行器を利用する
- ☑ 話すのに時間がかかることもあるので、家族など介護者はゆっくり話を聞く
- ☑ 入浴などの介助は、薬の効果が出て症状がよくなる時間帯に行う

処方されるお薬

分類	例
ドパミンを補う薬	ドパゾール、ドパストン、ドパール、ネオドパストン、ネオドパゾール、マドパー など
ドパミンの分解を抑える薬	コムタン、メネシット、ネオドパストン、ネオドパゾール、マドパー、エフピー、トレリーフ など
脳内のドパミンの受け取りを促す薬	ドミン、ビ・シフロール、ミラペックス、レキップ、ニュープロパッチ（貼り薬）、カバサール、パーロデル、ペルマックス、シンメトレル など
脳内の信号伝達のバランスを整える薬	ノウリアス
ふるえを改善する薬	アーテン

- 飲み込みにくい、むせるなどの症状がみられる病気なので、誤嚥に注意し、きちんと飲み込めたことを確認する
- ドパミンを補う薬は、手足や口が本人の意思に反して動くジスキネジアや、吐き気・嘔吐、食欲不振、幻覚記号妄想などが現れやすいことを理解する

 医療連携時のポイント

- ☑ 利用者の症状の特徴を把握する
- ☑ 注意すべき薬の副作用を確認する
- ☑ 人生の最終段階における医療や介護の内容について、事前に本人や家族、医療職などと話し合う「人生会議（アドバンス・ケア・プランニング＝ACP）」を定期的に行う

ココを押さえる！

パーキンソン病を発症すると、運動をあきらめ、歩くことにも消極的になりがちですが、可能な範囲で動くことが日常生活動作（ADL）の維持につながります。

脳神経疾患

てんかん

どういう病気か

- 高齢者の場合は、脳血管疾患のために脳が障害され、異常な電気的発作が生じた結果、てんかんの病巣ができることが多い。脳のケガ（外傷）や脳腫瘍、脳炎、髄膜炎が原因になることもある
- 原因がわかっている「症候性てんかん」と、さまざまな検査をしても異常がみつからない「特発性てんかん」がある
- 乳幼児から高齢者までどの年齢でも発病する可能性がある

症状

- てんかん発作には、全般発作と部分発作がある
- 急に意識を失い、全身を硬直させた直後にガクガクと全身がけいれんし、数十秒から１～２分続くのは、全般発作の強直間代発作と呼ばれる
- 発作にはさまざまなタイプがあり、高齢者にはけいれんを伴わない発作が多い
- 発作中の記憶がなく、発作後に朦朧状態になることが多い

治療法

薬物療法

- 抗てんかん発作薬により70～80%の患者で発作が寛解する

生活習慣の改善

- 生活リズムを整え、睡眠不足を避ける
- 食事は３食規則正しく摂り、暴飲暴食はしない（子供の頃からてんかんのある人は、ケトン食という食事療法を行っていることもある）
- 強い光や音など、発作を誘発するものがわかっていれば、それを避ける

日常生活の注意点

運転免許を持っている人

- ☑ 病状が安定していても、免許の更新を考えるときは主治医に相談する
- ☑ 更新時は病状を正しく申告する
- ☑ 運転に支障が生じるようになった場合は返納を考慮し、運転適性相談窓口（運転免許センターなど）に相談する

処方されるお薬

分類	例
脳の異常な興奮を抑える薬	レビアチン、ヒダントール、テグレトール、カルバマゼピン、エクセグラン、イーケプラ など
脳の興奮を抑える脳内物質の働きを強める薬	デパケン、セレニカ、バレリン、ホリゾン、セルシン、ジアゼパム、リボトリール、ランドセン、ガバペン など

※日本で使われている抗てんかん薬は、作用により20種類ほどに分類される。発作のタイプ、年齢、性別などを考慮して薬が選択される

- 抗てんかん薬を処方通りに飲み、てんかん発作が起こるのを防ぐことがもっとも重要である
- 突然意識を失ったり、けいれんを起こすなどてんかんとみられる症状が出たら、まずは次の3つを守る。
  ❶ 気を落ち着かせて冷静になる　❷ 騒ぎ立てない　❸ すぐに救急車を呼ぶ必要はない
- また、口にものをくわえさせる方法や発作後意識が朦朧としているときに薬を飲ませる等の行為は窒息の恐れがある

※公益社団法人日本てんかん協会参照

医療連携時のポイント

☑ 利用者の発作の内容や前兆、発作が起こったときの対処法を確認しておく
☑ 発作が起こったときの記録を残す
☑ 抗てんかん薬と他の薬の飲み合わせについて、薬剤師などに確認する
☑ てんかんによる記憶障害から、認知症と間違われることもあることを理解する

ココを押さえる！

発作時は周囲の安全を確認して発作が治まるまで待ちます。無理に押さえたり、口にものをかませたりするのはNG。入浴時などの発作に注意しましょう。

脳神経疾患

脳血管障害（脳卒中）

どういう病気か

- 脳梗塞、脳出血、くも膜下出血がある
- **脳梗塞**：脳の血管が詰まり、脳細胞が壊死する。動脈硬化により血管が詰まる場合と、心臓でできた血栓が脳の血管に詰まって起こる場合などがある
- **脳出血**：脳の血管が破れて、脳内に出血する。高血圧や糖尿病が危険因子になる
- **くも膜下出血**：脳を覆う3層の膜のうち、軟膜とくも膜の間に出血して脳を圧迫する。原因は脳の血管の瘤（脳動脈瘤）など

症状

- **脳梗塞**：ろれつが回らない、顔の片側が歪む、片側の手足が麻痺する、ものが二重に見える、めまいやふらつきなど
- **脳出血**：頭痛、めまい、嘔吐、意識がなくなる、ろれつが回らなくなる、突然大きないびきをかいて眠ってしまうなど
- **くも膜下出血**：突然の激しい頭痛が特徴。嘔吐、けいれん、意識障害、ものが二重に見える、まぶたが閉じられないなど

治療法

―急性期―

- 病院で薬物療法や手術を行う

※症状に気づいたらすぐに専門医のいる医療機関（病院）に緊急搬送する

―慢性期―

薬物療法

- 血液をサラサラにする薬などを用いる

リハビリ

- 運動障害、嚥下障害、言語障害などの回復、筋力維持のためにリハビリを行う

日常生活の注意点

- ☑ 喫煙、飲酒を控える
- ☑ 適度の運動を心がける
- ☑ 血圧をコントロールする
- ☑ 低カロリー・低塩分の食事を心がけ、野菜や果物を多く摂る
- ☑ 急に寒いところに出たり、熱すぎる風呂に入ったりするのを避ける
- ☑ 早いうちからリハビリを行う
- ☑ こまめに水分補給を行い、脱水や熱中症を予防する

処方されるお薬

脳梗塞

分類	例
血栓ができるのを防ぐ薬	バイアスピリン、バファリン、プレタール、パナルジン など
血液をサラサラにする薬	ワーファリン、プラザキサ、イグザレルト、エリキュース
脳循環代謝改善薬	セロクラール、サアミオン、ケタス、シンメトレル など

脳出血

分類	例
血圧を下げる薬	105ページ参照
脳循環代謝改善薬	セロクラール、サアミオン、ケタス など

くも膜下出血

分類	例
血圧を下げる薬	105ページ参照
脳循環代謝改善薬	セロクラール、サアミオン、ケタス、シンメトレル など

- 脳血栓を発症した4～5時間以内ならアルテプラーゼ静注療法（rt-PA）※を行える可能性がある

※脳血管に詰まった血栓を溶かす薬で、詰まった血管を短時間のうちに再開通する治療法

医療連携時のポイント

- ☑ 注意すべき薬の副作用について、医療職に確認する
- ☑ 再発の症状が現れた場合の連絡法を確認しておく
- ☑ 注意すべき合併症について確認する
- ☑ 脳血管障害は日々の予防が欠かせず、発症後は迅速な対応が必要

ココを押さえる！

症状が現れても、24時間以内（数分のこともある）に消えることも（一過性脳虚血発作）。大きな脳梗塞の前触れのこともあるので、必ず医療職に報告しましょう。

脳神経疾患

硬膜下血腫（急性・慢性）

どういう病気か

- 急性のものと慢性のものがあり、どちらも頭部のケガ（打撲、転倒、交通事故、スポーツなど）が原因となることが多い
- **急性**：脳の損傷（脳挫傷）部位から硬膜下へ出血するものと、脳と硬膜を連絡する静脈が切れて出血する場合がある
- **慢性**：ケガの後3カ月以上経過したもの。1～数カ月かかって血腫が大きくなり脳を圧迫する

症状

- **急性**：ケガの直後から意識喪失状態になることが多い。脳挫傷を合併すると、手足の麻痺、言語障害、脳神経症状が現れるが、高齢者ではゆっくり現れるので、わかりにくい
- **慢性**：血腫が大きくなると脳を圧迫して記銘力低下、認知症の症状、手足の麻痺、失語症、うつなどの症状が出る。急に認知機能が低下したときは慢性硬膜下血腫を疑う

治療法

手術療法

- 緊急手術を行う
- 頭の中にたまった血液を排出させる手術（穿頭ドレナージ術）が行われる

※意識障害がなく、血腫が脳を圧迫していない場合は手術をせず経過を見ることもある

日常生活の注意点

- ☑ 後遺症が残った場合、障害に応じたケアが必要になる
- ☑ 転倒の予防のため浴室の段差などに注意し、トイレ、浴室など手すりをつける
- ☑ 認知症があると、転んだことを覚えていないこともあるので、家族など周囲の人に確認する
- ☑ 失語、失行、失認など高次機能障害が残ることがあるので、その対応法について検討する

処方されるお薬

分類	例
脳圧を下げる薬（注射薬）	グリセオール、マンニットール
漢方薬	五苓散（ごれいさん）、柴苓湯（さいれいとう）

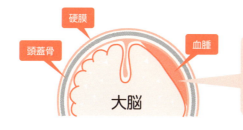

硬膜下血腫とは？

頭蓋骨／硬膜／血腫／大脳

頭をぶつけたあと、しばらくたってから脳の表面に血液が溜まります。

転倒後1〜3か月は、以下の変化に注意しましょう

- 慢性頭痛
- 尿失禁するようになった
- なんとなく元気がない
- 歩行がおかしい
- 言葉が出にくい
- 急に認知機能が低下した

 医療連携時のポイント

- ☑ 転倒予防など、頭部のケガにつながることを防ぐために、医療職と連携する
- ☑ 転倒したとき、打った箇所だけでなく全身を観察する習慣をつける
- ☑ 薬の服用中は、注意すべき副作用などについて確認する

ココを押さえる！

薬の影響などで出血しやすくなっていると、軽い頭部打撲や、直接頭をぶつけなくても転んだ衝撃で硬膜下血腫になることがあるので必ず記録しておきましょう。

PART3 高齢者によくみられる疾患

精神疾患

うつ病

どういう病気か

- 悲しく憂うつな気分が一日中続く、何をしても楽しくないなど、気分の落ち込みが2週間以上続いている状態
- 食欲が減る（または増す）、眠れない（または寝すぎる）など、体の不調も現れる
- 高齢者の場合は、加齢による心身の衰えや社会的な役割の喪失への不安、孤独などが発症に関わっていることがある
- 判断力が低下することもあり、認知症と間違われやすい

症状

- 悲しく憂うつな気分が一日中続く
- 何事にも興味が湧かない、喜べない
- 著しい体重減少または増加、もしくは食欲の低下または増加
- 不眠または寝すぎる（睡眠過多）
- イライラして怒りっぽくなる
- 疲れやすく何もやる気になれない
- 自分に価値がない、自分が悪いと思う
- 集中力が落ち、判断力が低下する
- 死について繰り返し考えてしまう

治療法

薬物療法

- 抗うつ薬、抗不安薬、睡眠薬などを処方する

運動療法

- 運動を行うことが可能な状態であれば、できるだけ活動的に過ごす

生活習慣の改善

- 朝起きたら太陽の光を浴びる（光療法）

日常生活の注意点

- ☑ 朝起きたらカーテンを開け、太陽の光を浴びる。太陽光には、うつ病の人の脳内で減っているセロトニンを増やす効果がある
- ☑ 可能な範囲で活動的に過ごす

処方されるお薬

分類	例
抗うつ薬	デプロメール、ルボックス、パキシル、ジェイゾロフト、レクサプロ、サインバルタ、デュロキセチン、トレドミン、イフェクサー、ミルタザピン など
抗不安薬	グランダキシン、リーゼ、デパス など
睡眠薬	マイスリー、アモバン、ルネスタ、ロゼレム、メラトベル、ベルソムラ、デエビゴ など

 医療連携時のポイント

- ☑ 飲んでいるお薬の特徴、気をつけるべき症状などについて情報提供してもらい、気になる症状があれば報告する
- ☑ 接し方の注意点などを確認し、利用者が安心できる介護に反映させる
- ☑ お薬の服用状況を確認し、医療職に情報提供する

ココを押さえる！

うつ病の人と関わるためには信頼関係が大切。プライバシーに配慮し、心に寄り添う姿勢を示します。自殺の危険もあるので、医療職や家族と連携して見守ります。

精神疾患

せん妄

どういう病気か

- 病気や薬剤などの影響で、一時的に意識障害や認知機能の低下などが起こること
- 発症の引き金になるのは、身体疾患（高カルシウム血症、発熱、脱水、便秘など）、神経に作用する薬、手術など。そこに、身体的な苦痛（呼吸困難、痛みなど）や精神的苦痛、環境の変化などが加わると、悪化したり長引いたりする
- 高齢者や認知症の人で起こりやすい

症状

- 日時や場所がわからなくなる（見当識障害）
- 睡眠が不規則になる、昼夜逆転する
- 話のつじつまが合わない、記憶が抜ける、言葉が出てこない（認知障害）
- 怒りっぽくなる
- 落ち着きがなくなる
- 実際にはいない人や虫などが見える
- 口が乾く

治療法

- 原因を探り、薬剤が原因なら治療に影響を与えない範囲で減量、中止する
- 感染症や脱水などが原因なら、必要な治療を行い体の状態の回復を図る
- 発熱、脱水、痛み、息苦しさ、便秘などはせん妄を悪化させるため、積極的に治療する
- 可能な範囲で落ち着ける環境に移す

日常生活の注意点

- ☑ 日頃から脱水や便秘などの体調不良を予防する
- ☑ 夜間落ち着いて眠れる環境をつくる
- ☑ ストレスをできるだけ小さくする
- ☑ 不安なく安心して過ごせる環境をつくる。病室や居室に見慣れたものを置く、時計やカレンダーを置く など
- ☑ ベッドを低くするなどして転倒やケガを防ぐ
- ☑ 刃物やライターなど危険なものを遠ざける
- ☑ 口の渇きを確認し、口腔内があれないようにケアする

処方されるお薬

トラミド、レスリン、グラマリール、チアプリド、抑肝散、セレネース、ハロペリドール、アメル、クエチアピン、リスパダール、リスペリドン、ルーラン、ペロスピロン など

- 不眠症治療薬のロゼレム、ベルソムラ、デエビゴは、せん妄の予防効果が報告されている

医療連携時のポイント

- ☑ せん妄が疑われたら医療者に対応を依頼する。報告のポイントは、夜眠れているか、日中、話のつじつまが合うか。その他の気になる症状も伝える
- ☑ 医療職に的確に情報提供することで、適切な薬剤の処方につながる
- ☑ 家族の困り事、心配事を医療職に情報提供する
- ☑ 利用者がストレス少なく過ごせる環境づくりを、医療者や家族と一緒に考える

せん妄のために話のつじつまが合わなくても否定しないようにします。

ココを押さえる！

転倒やけがを防ぐことが大切ですが、身体抑制は避けたいものです。体調不良がせん妄を招くこともあるので、日頃のケアで体調を整えましょう。

骨・関節疾患

腰部脊柱管狭窄症

どういう病気か
- 腰部の脊柱管が狭くなり、神経を圧迫する
- 50歳以上の人に多い
- 神経が圧迫される位置によっては、排尿、排便、性機能障害などが起こることがある
- 閉塞性動脈硬化症と区別して治療することが大切

症状
- お尻から下肢にかけての痛みやしびれ、間欠跛行（歩く・休むを繰り返す状態）、長時間立っているのがつらい、下肢の脱力感など（座骨神経痛）
- 腰を反らせると痛み、少し前かがみの姿勢が楽
- 麻痺（脱力）時は股間のほてりや残尿感、便秘が生じる
- 馬尾型や混合型が悪化すると、排尿や排便の機能が障害され、緊急手術が必要になることもある

治療法
保存療法
- 腰（腰椎）を痛める姿勢や生活を見直し、運動療法で腰のまわりの筋肉を強化
- 内服薬やブロック療法で痛みを取る
- 温めて血流をよくするなどの物理療法

手術療法
- **神経除圧術**：椎骨の一部を切り取り、神経の圧迫を取り除く
- **脊椎固定術**：不安定になっている腰椎を安定させる

日常生活の注意点
- ☑ 腰椎の負担を軽くする姿勢や動作を身につける。杖やシルバーカーを利用する
- ☑ 痛みやしびれのために活動量が減ると、筋力が低下し、また骨粗しょう症や心機能の低下を招くので、腰に負担をかけない活動や運動を続ける
- ☑ 無理のない範囲で散歩などを日課にする
- ☑ 入浴で血流をよくする
- ☑ 足の爪のケアがしにくくなるので、爪切りなどの介助が必要

処方されるお薬

分類	例
消炎鎮痛薬	アスピリン、バファリン、ポンタール、ボルタレン、インテバンSP、ロキソニン、モービック、ソレトン、セレコックス など ※湿布薬として、モーラステープやロキソニンテープが処方されることが多い
筋緊張弛緩薬	ミオナール、アロフト、テルネリン、ムスカルム、リンラキサー など
循環障害改善薬	プロレナール、オパルモン など
ビタミンB12製剤（傷ついた神経の組織を回復させる）	メチコバール など
末梢神経障害性疼痛治療薬	リリカ
医療用麻薬	ノルスパンテープ（貼り薬）、デュロテップMTパッチ（貼り薬）など
オピオイド鎮痛薬	トラムセット

※副作用として、消炎鎮痛薬では胃潰瘍が、末梢神経障害性疼痛治療薬・医療用麻薬・オピオイド鎮痛薬では眠気や便秘が現れやすい

 医療連携時のポイント

- 馬尾型や混合型で、排尿や排便の障害に注意が必要な人は、注意すべき症状と対応法について医療職と情報を共有する
- 湿布薬による皮膚トラブルの有無を確認する
- 使用している杖などが本人に合っているかなど、生活状況を共有して転倒防止対策を行う

ココを押さえる！

 寝ている時間が長いと筋力が低下して症状が悪化します。腰を安定させる装具（コルセット）を利用している場合は、正しく装着できていることを確認しましょう。

骨・関節疾患

骨粗しょう症

どういう病気か
- 骨量が減少し、骨の構造が悪化し、骨折の危険が増した状態のこと
- 骨の新陳代謝（骨吸収と骨形成）のバランスが崩れ、骨量が減少する
- 加齢、閉経、喫煙、過度のアルコール摂取は骨粗しょう症の危険因子
- 糖尿病、関節リウマチ、ステロイド薬などが原因の場合もある
- 患者数は約1000万人以上で、男性よりも女性に多く、女性は閉経後に急増する

症状
- 自覚症状はなく、健康診断の骨密度測定で指摘されたり、骨折したりしてはじめて気づくことが多い
- 背骨（脊椎）の圧迫骨折により、背中が曲がる、身長が縮むなどの変化が出現
- 腰痛や背中の痛みの原因となる
- 転倒などの衝撃で、手首や肩、足の付け根（大腿骨頸部）などを骨折しやすくなる。大腿骨頸部骨折は、要介護状態や寝たきりにつながる危険が大きい

治療法
食事療法
- 骨を作るのに必要な栄養素（カルシウムなど）を十分に摂取

運動療法
- 骨に負荷をかけるとともに、筋力やバランスを保つ力を高める

薬物療法
- 骨粗しょう症治療薬などを用いる
- 原因疾患がある場合はその治療を行う

日常生活の注意点
- ☑ 転倒しないようにする。家の中の段差をなくして手すりをつけ、足元を明るくする。外出時は杖を使用するなど
- ☑ ウォーキングといった、骨に負荷をかける運動や日光浴を習慣づける
- ☑ カルシウムの吸収にはビタミンDが不可欠。紫外線を浴びると皮膚でビタミンDが活性化されるので、週2回程度は5～30分、日光に当たるようにする
- ☑ 禁煙したり、アルコールを控えたりする
- ☑ 適量のタンパク質を摂る

処方されるお薬

骨吸収（古くなった骨が壊されること）を抑える薬

分類	例
ビスホスホネート製剤	アクトネル、ベネット、フォサマック、ボナロン、ダイドロネル など
女性ホルモンと同じ作用の薬	エビスタ、ビビアント
抗ランクル抗体薬	プラリア（6カ月に1回皮下注射）

骨の形成を促す薬

分類	例
副甲状腺ホルモン薬	フォルテオ、テリボン

骨に必要な栄養素を補う薬

分類	例
カルシウム薬	乳酸カルシウム など
活性型ビタミンD3製剤	アルファロール、エディロール など
ビタミンK2薬	ケイツー、グラケー

- 飲み方に細かい注意事項のある薬剤が多いので、服薬介助を行う介護職も注意事項を理解しておくことが大切

 医療連携時のポイント

- ☑ 薬の飲み方や自己注射など、使い方の難しい薬が多いので、認知症の疑いなどのある場合は医療職とよく連携する
- ☑ 服用薬に重大な副作用がないか確認しておく
- ☑ 痛みが強いときの対処法を相談しておく

ココを押さえる！

 閉経後、女性ホルモンの減少に伴って骨粗しょう症のリスクが高まります。80歳以上になると、ほとんどの女性に骨粗しょう症があるといわれています。

骨・関節疾患

関節リウマチ

どういう病気か

- 自己免疫疾患と呼ばれる病気の1つで、体質的なものに何らかの原因が加わり発症。感染症やホルモン異常、ストレスなどが誘因と考えられる
- 関節の骨を覆う滑膜の炎症により、軟骨が破壊されて関節が変形する
- 関節破壊により身体機能が低下すると、日常生活にさまざまな困難が生じ、介護が必要となる
- 30〜60代の女性に好発

症状

- 関節の痛みやこわばり、関節の変形
- 痛み、腫れが、徐々にあちこちの関節に拡がってくる
- 貧血、疲れやすさ、食欲不振、微熱、体重減少などが起こる
- そのほか血管や神経、皮膚など全身の症状がみられることがある

治療法

薬物療法

- 病気の進行を遅らせる抗リウマチ薬、関節の炎症を抑え寛解（症状のない状態）を目指せる生物学的製剤、抗炎症薬などを用いる

手術療法

- 人工関節置換術、関節固定術、滑膜切除術が、症状などに応じて行われる

日常生活の注意点

- ☑ 規則正しい食事
- ☑ 睡眠を十分にとる
- ☑ 疲労やストレスを防ぐ
- ☑ 体を冷やさないようにし、筋力や関節の可動域を保つためリウマチ体操を行う
- ☑ 重いものを持たずに、キャリーカートや補助具を使って関節を保護する
- ☑ 感染症に注意

処方されるお薬

進行を遅らせる薬

分類	例
抗リウマチ薬	リウマトレックス、ブレディニン など

関節の炎症を抑え、寛解（症状のない状態）を目指せる薬

分類	例
生物学的製剤	レミケード、エンブレル など ※副作用で免疫力が低下するため、かぜ症候群やインフルエンザ、結核や肺炎などの感染症に注意する

進行を遅らせる薬

分類	例
ステロイド薬	ブレドニン

炎症を抑え、痛みを軽くする薬

分類	例
抗炎症薬（非ステロイド性抗炎症薬）	モービック、セレコックス、ロキソニン など

- 関節リウマチがある程度進行している場合は、患者の生活の質を高めることが目標になる
- 薬物療法で骨や軟骨の破壊を防止し、痛みや炎症を軽くする
- 運動療法、物理療法、作業療法なども行われる

医療連携時のポイント

- ☑ リウマトレックスを服用中の人で、口内炎、咽頭炎、咳、息切れなどがみられた場合は、すぐに医療職に伝える
- ☑ 低栄養、抗炎症薬の多用がある場合は医療職に伝える
- ☑ リハビリの目標や方法の確認

ココを押さえる！

関節リウマチは、長年にわたり増悪、軽減を繰り返すうちに関節が変形し、次第に日常生活が困難になります。根気よく治療、リハビリを続けることが大切です。

> その他の疾患

サルコペニア・廃用症候群（はいようしょうこうぐん）

どういう病気か
- **サルコペニア**：加齢や低栄養、活動量の減少、病気のために筋肉量が減ってしまうこと
- **廃用症候群**：過度に安静にすることや、活動性が低下することで、体の一部、全身、精神や神経の働きが低下してしまった状態
- 高齢者は、2週間のベッド上での安静で、下肢の筋肉が20％萎縮するともいわれる

症状
- **サルコペニア**：筋肉量が減る、転倒しやすくなる、歩くスピードが遅くなる、ペットボトルのキャップが開けにくい、ふくらはぎや手首が細くなる
- **廃用症候群**：**体の一部**→筋肉の萎縮、関節の拘縮（こうしゅく）、骨の萎縮、皮膚の萎縮、褥瘡（じょくそう）、静脈血栓症、嚥下力の低下、尿路感染症などの細菌感染など。**全身**→心肺機能低下、起立性低血圧、食欲不振や便秘など。**精神や神経**→うつ状態、知的活動低下、周囲への無関心など

治療法
リハビリ
- 理学療法士、作業療法士、言語聴覚士によるリハビリテーションの実施
- 予防と改善の基本である、「本人が選んだ、生きがいのある生活を送っていることで、自然に生活も活発であること」を目指した働きかけ（生活活動への意欲を回復できるような働きかけ）をする

日常生活の注意点
- ☑ 「歳だから」という考えで、生活を消極的にすることを避ける
- ☑ ベッドで寝ている時間を減らす。座位の時間を増やし、手足を動かす運動を行う
- ☑ 周囲が積極的に話しかける、面会を増やすなどして、周囲が活動へと促す
- ☑ 褥瘡や神経麻痺の発生に注意する
- ☑ 規則正しい生活、食事を習慣づける

フレイルとは

この疾患での薬物療法はほとんどないため、「フレイル」について知っておきたい。

フレイルとは、体がストレスに弱くなっている状態のことを指すが、多くの高齢者は筋力が衰える「サルコペニア」を経て、さらに生活機能が全般に衰える「フレイル」となり、要介護状態となる。高齢者は特にフレイルが発症しやすくさまざまな合併症を引き起こす危険がある。しかし**早く介入をすれば元に戻る可能性がある**

フレイルの基準（Friedの提唱したもの）
1. 体重減少：意図しない年間4〜5kgまたは5％以上の体重減少
2. 疲れやすい：何をするのも面倒だと週に3〜4日以上感じる
3. 歩行速度の低下
4. 握力の低下
5. 身体活動量の低下

> Friedの基準には5項目あり、3項目以上該当するとフレイル、1または2項目だけの場合にはフレイルの前段階であるプレフレイルと判断する。フレイルには、体重減少や筋力低下などの身体的な変化だけでなく、気力の低下などの精神的な変化や社会的なものも含まれる

入院をきっかけにフレイルから寝たきりになってしまうことがあるので早期治療・早期退院を目指します。リハビリのために転院や入院期間の延長を選択することもありますが、自宅や施設での日常生活そのものがリハビリになるという認識をもつことが大切です。

医療連携時のポイント

- ☑ 身体的疾患、精神神経的疾患の有無と、その治療状況、回復の見通しを確認
- ☑ 機能低下の状況を確認する
- ☑ もともとの疾患や、廃用症候群によって、引き起こされる可能性のある疾患を理解しておく
- ☑ 本人、家族、医療者、介護者の意識を統一させ、目標を立てる

ココを押さえる！

 サルコペニアは、ギリシャ語の筋肉と喪失を合わせた言葉です。廃用症候群は、1つの機能が低下すると雪だるま式に機能低下が起こるという特徴があります。

腎・泌尿器疾患

腎不全（急性・慢性）

どういう病気か

- 腎臓の働きが正常の30%以下に低下した状態。体内の老廃物を十分に排泄できなくなり、その結果体内に不要なものや有害なものがたまる
- 高齢者では、脱水、感染、非ステロイド性抗炎症薬の服用などが原因で、急性腎不全になりやすい
- 急性腎不全は心不全や重症感染症を起こしやすいので、早期診断・治療が重要
- 慢性腎不全は糖尿病、高血圧、糸球体腎炎が原因になる
- 腎臓の機能は一度失われると回復しない場合が多く、急性腎不全が慢性化することもある

症状

- 尿毒症症状（疲労感、食欲不振、吐き気・嘔吐、呼吸困難感、むくみ、不眠、せん妄など）が出る
- 急性腎不全では、尿の出が悪くなったり（乏尿）、まったく出なかったりする（無尿）
- 慢性腎不全では、高血圧、貧血などの症状がある
- 腎機能の低下がかなり進行するまで、自覚症状がないことも多い
- 高齢者は、腎不全でなくてもこれらの症状がみられるので、注意が必要

治療法

急性腎不全
- 専門的な治療が必要なことが多い。人工透析が必要な場合もある
- 脱水が原因の場合は輸液を行う

慢性腎不全
- 血圧のコントロール
- 進行した場合は人工透析を行う
- 腎性貧血にはエリスロポエチン製剤の注射を行う

日常生活の注意点

- ☑ 塩分の少ない食事を心がける（塩分は1日5〜7gとする）
- ☑ 高カロリー食、低タンパク、減塩食を心がけることで、腎不全の進行を抑える
- ☑ 脱水に注意する（熱中症、かぜをひいた時などは特に注意）
- ☑ カリウムやリンを多く含む食品を控える（海藻、野菜、果物、納豆、チーズ、ハム、など）
- ☑ 血圧を130/80mmHg未満に保つ　　☑ 排便コントロール

処方されるお薬

分類	例
血圧を下げる薬	ニューロタン、ブロプレス、ディオバン、ミカルディス、オルメテック、アダラート など
むくみを取る薬（利尿薬）	ラシックス
腎不全の進行を抑える薬	クレメジン
高カリウム血症の薬	カリメート、ケイキサレート
高リン血症の薬	沈降炭酸カルシウム

人工透析（透析療法）とは
- 腎臓の働き※1を人工的に補う治療法。腎機能が10%以下になったときに、尿毒症※2を回避するために行う。透析には、血液透析と腹膜透析の2種類がある
- **血液透析**：血液を体外の人工腎臓に導いて毒素を除去する方法
- **腹膜透析**：腹腔内に透析液を注入し腹膜を通して血液を浄化する方法

※1 腎臓の働き：尿を作り出す、血圧を調整する
※2 尿毒症：本来体の外に排出されなければならない老廃物が、体内に過剰にたまった状態

医療連携時のポイント
- ☑ 服用している薬剤の確認（薬の副作用で腎不全が悪化することがある）
- ☑ 血圧の目標値や、1日に摂取してよい塩分の量などについて確認する
- ☑ 飲水量や体重のコントロール、栄養指導の内容を共有する
- ☑ 尿毒症の症状が疑われた場合は、すぐに連絡する
- ☑ 感染症を疑う場合はすぐに医療職に報告する

ココを押さえる！

腎不全の治療は、病気の進行を遅らせることと合併症の予防が目標です。食事とともに血圧に注意し、体調に合わせて適度な運動を促しましょう。

腎・泌尿器疾患

前立腺肥大症

どういう病気か
- 前立腺の大きさは普通クルミくらいだが、肥大が進むと卵やミカンくらいの大きさになる
- 一般的に前立腺は50歳前後から肥大し、進行すると尿道を圧迫して排尿障害が起こる
- 80歳男性では90%に前立腺肥大症が認められるとされる

症状
- 尿が出にくい、尿が漏れる
- 尿がまったく出なくなることもあり（尿閉）、腎障害を引き起こすこともある
- 頻尿、尿意切迫感、夜間頻尿などの刺激症状もみられる
- 仕事、旅行などが制限され、夜間の頻尿による睡眠不足などに悩まされる
- 尿が出にくい、頻尿などの排尿障害は、前立腺がんなどでも起こるので注意する

治療法
経過観察
- 症状が軽い場合はそのまま様子を見る

薬物療法
- 膀胱や前立腺の筋肉をゆるめる薬や、男性ホルモンの働きを抑える薬などを用いる

手術療法
- 内視鏡手術（TUR-P）、レーザー手術（HoLEP）など。薬で改善しない場合や、重症で尿閉などがある場合に行う

日常生活の注意点
- ☑ 食事は刺激物を避ける。高脂肪・高タンパクの食事を避ける
- ☑ 飲酒は控えめに
- ☑ 水分補給をしっかり行う
- ☑ 排尿を我慢しない
- ☑ 身体を冷やさない
- ☑ ウォーキングなど、適度な運動を行う
- ☑ 市販薬には前立腺肥大を進行させるものもあるので、使用前に医師に相談する

処方されるお薬

分類	例
膀胱や前立腺の筋肉を緩めて尿が出やすくする薬	ハルナール など
男性ホルモンの働きを抑えて前立腺が肥大しないようにする薬	アボルブ など
肥大した前立腺を小さくする薬	パーセリン など ※性欲減退などの副作用がある
漢方薬	八味地黄丸（はちみじおうがん） など

導尿とは？
- 前立腺肥大症のために尿が出にくくなった場合や、手術の影響で膀胱の働きが低下した場合に行う
- 尿道口から膀胱に管（カテーテル）を入れ、人工的に排尿させる。医療職が行う導尿（無菌的間欠導尿）と、自分（または家族）で行う自己導尿（清潔間欠導尿＝CIC）がある
- 自己導尿が難しい場合は、尿道留置カテーテルを入れる

医療連携時のポイント

- ☑ 前立腺肥大症の人には使えない薬、慎重に投与しなければならない薬が多いので、他の病気で受診する場合は前立腺肥大症のあることを伝える
- ☑ 前立腺がんでも、前立腺肥大症と同じ症状が出ることがあるので、尿の性状をよく確認する

ココを押さえる！

前立腺肥大症は歳のせいで仕方がないとあきらめていることが多いですが、前立腺がんなどが発見される場合もあるので医師に相談しましょう。

腎・泌尿器疾患

過活動膀胱（神経因性膀胱・非神経因性膀胱）

どういう病気か

- 通常は、膀胱内の尿が一定量に達したとき、脳にシグナルが伝わって起こる排尿が、尿の量に関係なく起こってしまう
- 脳血管障害など神経の障害による「神経因性膀胱」と、そうでない「非神経因性膀胱」がある
- 非神経因性膀胱の過活動膀胱は、前立腺肥大症による尿道の通過障害、高齢などが原因となる

症状

- 急にがまんできない強い尿意が起こる（尿意切迫）
- トイレが近い（頻尿）、夜中に何度もトイレに起きる（夜間頻尿）
- トイレまでがまんできずに漏れてしまう（切迫性尿失禁）
- 症状が頻繁に起こるようになると、日常生活に支障が起こる

治療法

薬物療法

- 膀胱の異常な収縮を抑える薬、膀胱の緊張をゆるめて、膀胱に尿をためやすくする薬などを用いる

行動療法

- 生活指導、膀胱訓練、理学療法、排泄介助などによって、症状を軽くする

日常生活の注意点

- ☑ 水分を控えない
- ☑ トイレの間隔を少しずつ伸ばす。尿意を少し我慢する訓練も効果がある
- ☑ 骨盤底筋を鍛える
- ☑ 尿路感染症を予防する。排尿時に痛みがある場合などは、感染の疑いがあるので、医療機関を受診する

処方されるお薬

分類	例
膀胱の収縮を抑える薬	ベシケア、バップフォー、ウリトス、ステーブラ など ※口の渇きや便秘などの副作用がある
膀胱の緊張をゆるめる薬	ベタニス

- 加齢とともに、自律神経の働きが鈍くなってくるので高齢者には頻尿の症状が多くみられる
- 通常、就寝時は腎臓の働きが弱まるため尿はたまりにくくなるが、それらの機能も高齢者の場合低下することが多く、夜中に何度も尿意を感じて不眠になることもあるので注意する
- アルコールや、カフェインを多く含むコーヒーや紅茶、緑茶などは、過敏になっている膀胱粘膜を刺激する可能性がある。摂取を控えたほうがよいか、医療職に確認する

 医療連携時のポイント

- ☑ 服用している薬に排尿障害の副作用はないか確認する
- ☑ 普段飲んでいる薬（常用薬）と、尿路感染症の治療薬との飲み合わせについて確認する
- ☑ なかなか治らない場合は、医師に相談する

ココを押さえる！

 排尿のトラブルは、利用者の生活の質を低下させます。頻回なトイレや失禁を心配して水分を控える人も多いですが、脱水の危険が増すので気をつけましょう。

腎・泌尿器疾患

尿路感染症

どういう病気か
- 主に細菌の感染により尿道から腎臓までの「尿路」に起こる感染症
- 尿道口から逆行性に侵入して発症することが多く、比較的女性に多い
- 尿道側から順に、尿道炎、膀胱炎、腎盂腎炎などが含まれる
- 急性と慢性がある
- 免疫力の低下した高齢者がかかりやすい
- 他に泌尿器系の病気があると治りにくい

症状
- 急性腎盂腎炎では発熱（高熱）や腰痛が伴うことがある
- 排尿時の痛み。尿道炎と膀胱炎に多い
- トイレが近い＝少ししか尿が溜まっていないのに、排尿したくなる（頻尿）。膀胱炎に多い
- 排尿後も尿が残っている感じがする（残尿感）
- 尿が出なくなる（尿閉）
- 尿臭がきつくなることがある

治療法
薬物療法
- 抗生物質などの抗菌薬を用いる

その他
- 食事を十分に摂り、安静にする
- 水分摂取が少ない場合は、多く摂るようにし、排尿を促す（細菌を洗い流す）

※口から飲めない場合は点滴で水分を補う

 日常生活の注意点

- ☑ 水分を十分に摂って、尿量を増やす
- ☑ 排尿をがまんしない
- ☑ 陰部を清潔にする
- ☑ 体を冷やさない
- ☑ 睡眠不足、過労、ストレスを避ける

処方されるお薬

細菌を殺す薬

分類	例
抗菌薬	クラビット、シプロキサン、バクシダール、セフゾン、フロモックス、バナン など ※3〜7日間服用する。抗菌薬は、症状がなくなっても自己判断でやめたりせず、指示通りに服用する ※抗菌薬でも治らない場合は、前立腺肥大症や膀胱がんの可能性も考える

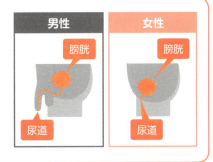

- 尿路感染症は、尿道が短い女性のほうが男性より発症しやすい

 医療連携時のポイント

- ☑ 左ページの症状がみられた場合はすぐに医療職に相談する
- ☑ 普段よりトイレの回数が多いと感じたら利用者本人に確認する
- ☑ 服用している薬に排尿障害の副作用はないか確認する
- ☑ 普段飲んでいる薬（常用薬）と、尿路感染症の治療薬との飲み合わせについて確認する
- ☑ なかなか治らない場合は、医師に相談する

ココを押さえる！

排尿の状態をよく観察しましょう。尿道留置カテーテルが入っている人は、尿路感染症になりやすいので、漏れや詰まり、逆流がないか注意しましょう。

腎・泌尿器疾患

尿路結石

どういう病気か

- 腎臓、尿管、膀胱、尿道までの「尿路」に結石ができる
- 結石の場所により、腎結石、尿管結石、膀胱結石などと呼ばれる
- 結石の成分や大きさはいろいろ
- レントゲン検査で診断できるが、結石がごく小さい場合はCT検査が必要
- 日本人の男性の10.6人に1人、女性の24.4人に1人が一生に一度はかかる

症状

- 突然現れる激しい痛み（疝痛発作）と血尿が典型的な症状。結石が尿の通り道を塞ぐことにより痛みが起こる
- 痛みは背中や脇腹、下腹部に生じる
- 痛みは2〜4時間続き、数分おきに強くなったり少し弱くなったり波がある
- 夜間や早朝に痛みが起こることが多い
- 結石の場所によっては頻尿など膀胱炎のような症状もみられる

治療法

経過観察
- 結石が7mm未満の場合は自然に出ることもあるので、飲水や運動で様子を見る

結石を砕いて排泄させる
- 体外衝撃波結石破砕術：体外から衝撃

結石に波を当てて砕く
- 経尿道的尿管砕石術：内視鏡を尿管まで入れ、結石をレーザーなどで砕く
- 経皮的腎砕石術：背中から腎臓に内視鏡を入れ、結石をレーザーなどで砕く

日常生活の注意点

- ☑ 尿路結石は対策を何もしないと80〜90%が再発するので、再発予防が大切
- ☑ 再発予防は食事療法や薬物療法で行うが、結石の成分により内容は異なる
- ☑ 1日2リットル以上の水分摂取は共通。水、麦茶、ほうじ茶などが適している
- ☑ 清涼飲料、コーヒー、紅茶、アルコールは、結石をできやすくする成分を尿中に増やすため飲みすぎない

処方されるお薬

分類	例
結石の成分により異なる	カルシウム製剤、クエン酸製剤、マグネシウム製剤、ビタミンB6など

医療連携時のポイント

- ☑ 水分摂取は必要だが、心不全などがある場合は、1日あたりの適切な水分摂取量を医療職に確認する
- ☑ 必要な量の水分を摂っているかを医療職に情報提供する
- ☑ 食事療法の内容を把握しておく
- ☑ 痛みが起きたときの対処法、連絡法を確認しておく

結石は、専門医にかかり、水分摂取を指導されただけで再発率が60％にまで下がるという報告もあります。

ココを押さえる！

結石の再発予防は水分摂取が効果的です。1日あたりの適切な水分摂取量を確認しながら、水分制限がある人以外は積極的に飲水を勧めましょう。

皮膚疾患

帯状疱疹
（たいじょうほうしん）

- -

どういう病気か

- 神経節に潜伏していた水ぼうそう（水痘）のウイルスが再活性化して発症する
- 水痘にかかった人は、誰でも帯状疱疹を発症する可能性がある
- 疲労やストレス、加齢などによる免疫力低下が、ウイルス再活性化の原因となる
- 治療開始が遅れると、帯状疱疹後神経痛などが残る場合があるため、早期発見・早期治療が大切

症状

- 皮膚のピリピリした痛みや違和感から始まり、1週間ほどで赤い発疹や小さな水疱（水ぶくれ）が現れる
- 症状は、体の右側または左側のどちらか一方に現れ、強い痛みを伴う
- 好発部位は、①肋骨に沿ったところ（肋間神経）、②顔の眉毛の上（三叉神経第一枝）
- 水疱は1週間から10日でつぶれ、赤くただれ、さらに数日でかさぶたになる

治療法

薬物療法

- 抗ウイルス薬や鎮痛薬が用いられる

神経ブロック

※痛みが強い場合に行う

予防接種（自由診察）

- 水痘ワクチンが50歳以上の帯状疱疹の予防目的で接種可能になった（2016年）

💊 日常生活の注意点

- ☑ 規則正しい食生活を心がける
- ☑ 強いストレスや疲労、睡眠不足に注意し、抵抗力や免疫力が下がらないようにする
- ☑ 着衣や寝装具には刺激の少ないやわらかな素材を用いる
- ☑ 治ったあとに再発することは普通ないが、膠原病の人や、関節リウマチなどで免疫抑制剤を使用している人などは、再発することがある
- ☑ 高齢者や糖尿病患者では、帯状疱疹後神経痛が残りやすいので、注意が必要

処方されるお薬

分類	例
抗ウイルス薬	ファムビル、バルトレックス、ゾビラックス など
鎮痛薬	リリカ、ノイロトロピン、カロナール、ロキソニン など

帯状疱疹後神経痛とは
- 帯状疱疹が治った後も続く痛みのこと。帯状疱疹の後遺症として最も多く見られ、3カ月後で7～25%、6カ月後で5～13%の人にあるといわれる

 日常生活の注意点2

- ☑ 薬剤投与と同時に安静を保ち、体力の回復を図る
- ☑ 顔面神経に帯状疱疹が起き、後遺症として顔面神経麻痺が残った場合、まぶたの開閉、口の開閉など顔面筋の動きを取り戻すリハビリが必要になる
- ☑ 帯状疱疹後神経痛が残った場合は、強い痛みが長く続き、日常生活に支障をきたす

 医療連携時のポイント

- ☑ 現在、発症から何日目か、痛みがあるなら、帯状疱疹そのものか、後遺症によるものかを確認する
- ☑ 後遺症として顔面神経麻痺がある場合は、その治療・リハビリの経過を確認する

ココを押さえる！

"とにかく痛い"病気の皮膚科代表。現在の症状や最近の経過を把握し、ADL・QOLの低下、日常生活全般における活動性の低下などに注意が必要です。

皮膚疾患

褥瘡（床ずれ）
（じょくそう）

どういう病気か

- ベッドのマットなどと接触していた皮膚が、長時間圧迫されて血行不良を生じ、組織が壊死し、潰瘍化する
- 体位変換が難しい寝たきりの高齢者で、体の下になった部分の皮膚に生じる
- 骨が突出している部分、例えば仰向け（仰臥位）の場合は腰の仙骨、踵などに生じやすい
- 体力が低下し、低栄養状態だと、褥瘡の感染が全身に拡大することがあるので要注意

症状

- 急性期には、圧迫された部分に発赤やびらんを生じるが、傷害は表皮内のみ（Ⅰ度）
- 急性期に治癒せず慢性期に移行した褥瘡では、傷害が真皮（Ⅱ度）、皮下脂肪層（Ⅲ度）におよび、さらに進むと筋肉や骨（Ⅳ度）にまで達する
- Ⅱ度、Ⅲ度では皮膚潰瘍が生じ、細菌感染が起こりやすく、Ⅳ度まで進むと敗血症などを起こすこともある

治療法

急性期の治療

- 急性期（発症から1～2週間）の褥瘡では、ドレッシング材（被覆材）で傷を保護し、適度な湿り気を保つことが重要
- 患部の状態に応じ、傷の保護、感染の制御、保湿などの作用を持つ塗り薬を塗る

慢性期の治療

- 急性期と同様、傷の保護、湿潤の維持、感染の抑制などを図り、皮膚潰瘍内に壊死組織がある場合は取り除く

日常生活の注意点

- ☑ 定期的な体位変換により、同じ部位の皮膚の長時間圧迫を回避し、また低栄養、皮膚の摩擦、乾燥、汚れ、ふやけなど、褥瘡の原因に注意し、取り除く
- ☑ 適切な体位分散寝具を使用する
- ☑ 入浴や着替えなどのときに皮膚をよく観察し、褥瘡再発の徴候を発見したら速やかに適切な処置をする
- ☑ 褥瘡の既往がある場合は、再発予防のケアを継続し、再発の徴候の有無を確かめる

処方されるお薬

急性期の褥瘡

分類	例
被覆材	デュオアクティブET
軟膏	アズノール

慢性期の深い褥瘡

分類	例
壊死組織除去	ブロメライン軟膏
滲出液抑制	カデックス軟膏、アクアセルAg
感染・炎症抑制	ユーパスタ軟膏、ゲーベンクリーム
肉芽形成・上皮化促進	フィブラストスプレー、デュオアクティブCGF

どんな人がなりやすいか
- 長期間寝たきり
- 栄養状態が悪い
- 皮膚が弱くなっている（オムツによる皮膚のふやけ、浮腫が強い、ステロイドや抗がん剤の使用により免疫力が低下しているなど）
- 圧迫だけでなく、摩擦やずれなどの刺激が多い

- 褥瘡予防には**2時間に1回の体位変換**や、**下着やシーツを常に清潔に保つ**ことも効果的。一定の姿勢を保つことや、汗や尿などで皮膚が必要以上に湿っているとリスクが高まる

 医療連携時のポイント

- ☑ 現在、褥瘡がある場合は、その状態（深達度など）を確認する。写真を撮って報告すると医療職との連携がスムーズに（①全体像、②アップの写真）
- ☑ 褥瘡を治療中である場合は、その方法（処置が必要なのか、滲出液が多くなれば交換するのかなど）、使用している薬剤などを確認する
- ☑ 褥瘡の既往がある場合は、現在実施している再発予防対策の内容を確認する

ココを押さえる！

 褥瘡は予防が最も重要ですが、生じてしまったら、医療職と連携して悪化防止・治癒促進に努め、再発予防を。介護職は褥瘡処置を行うことができません。

皮膚疾患

白癬 (水虫)
はくせん

どういう病気か

- 白癬菌（皮膚糸状菌）という真菌（カビ）によって生じる皮膚の感染症
- 感染する部位により、頭部白癬、顔白癬、体部白癬、股部白癬、足白癬、爪白癬がある。まれに皮膚の中に侵入し、深在性白癬になることもある
- 足拭きマットやスリッパなどを長く共用して足白癬がうつることが最も多い。直接接触して感染することもある
- 足白癬は夏に増加し、冬に減少する

症状

- 足白癬は、足の裏に小さな水疱ができ、それが破れて皮がむける「小水疱型（汗疱型）」、足の指の間の皮がむけるなどする「趾間型」、足の裏全体が固くなる「角質増殖型」に分類される
- 爪白癬は、爪が白濁してもろくなる
- 体部白癬は赤い小発疹ができ、やがて赤い輪となって拡がる。かゆみが強い
- 頭部白癬では頭皮の炎症と脱毛が起きる

治療法

薬物療法

- 抗真菌薬の塗布
- 足白癬の角質増殖型、爪白癬、頭部白癬は内服薬による治療が必要

その他

- 足白癬の場合は足の洗浄を励行する。強くこすらず、足の指の間（趾間）まで洗う。他の部位の白癬でも、患部をこまめに洗浄し、乾燥させることが大切

日常生活の注意点

- ☑ 適切な薬物治療を行い、患部の洗浄や乾燥に努めれば通常の生活を送ることができる
- ☑ 足拭きマットやスリッパの共用は避ける
- ☑ 洗濯物を分ける必要はない（白癬菌を含んだ角質は洗い流されるため）
- ☑ 家族の白癬治療、犬猫からの感染であればその治療も同時に行う

処方されるお薬

抗真菌薬

分類	例
塗り薬	ルリコン、ゼフナート、メンタックスクレナフィン、ルコナック（爪水虫）など ※体部白癬や股部白癬は2週間程度、足白癬は足全体に最低4週間継続して塗布する ※皮膚への軟膏の塗布（褥瘡をのぞく）は介護職もできる処置だが、医師や薬剤師の指導の上などの条件があるので注意する
飲み薬	ラミシール、イトリゾール、ネイリン ※高齢者は飲み薬の副作用に特に注意が必要

- 医師の指示通りに薬を塗布、あるいは服用する
- 表面的に症状が治っても、一定期間薬物療法を続け、再発を防ぐ
- 抗真菌薬は、併用している薬の血中濃度を上げて効きすぎを招くことがあることを理解しておく

医療連携時のポイント

☑ 併用している薬との飲み合わせを確認する
☑ 薬の副作用に注意する

ココを押さえる！

ありふれた皮膚疾患ですが、とても治りにくい白癬。表面的に症状がなくなっても、一定の期間はカビが生きて活動するので、医師の指示通りに薬を塗布します。

皮膚疾患

皮脂欠乏症・皮膚掻痒症・脂漏性皮膚炎

どういう病気か

- 皮脂欠乏症は、皮膚表面の脂が減少することにより水分が減少し乾燥が生じる
- 皮膚掻痒症は、乾燥や皮脂の分泌低下により、角質層が水分を失うことでかゆみを生じる
- 脂漏性皮膚炎は、頭部や顔面などの皮脂の多い部位や、腋下などの汗や摩擦の多い部位に生じる。細かい鱗屑（りんせつ）の付着した紅斑が生じる

症状

- 皮脂欠乏症は、膝から下の下肢によくみられ、皮膚が乾燥し、ひび割れたりする
- 皮膚掻痒症は、全身がかゆくなる場合と、限局性（陰部や肛門など）の場合がある
- 脂漏性皮膚炎は、頭部ではかゆみがあるが、顔面ではあまりかゆみがない

治療法

皮脂欠乏症

- 皮膚に潤いを与える塗り薬、かゆみ・湿疹を抑える塗り薬や内服薬を使用する

皮膚掻痒症

- 高齢者では保湿を心がけ、かゆみは抗ヒスタミン薬や抗アレルギー薬で抑える

脂漏性皮膚炎

- 悪化の原因（整髪料など）があれば避け、ステロイド外用剤を使う

日常生活の注意点

- ☑ 皮脂欠乏症や、高齢者の皮膚掻痒症は、皮膚の乾燥からかゆみが生じるので、常に皮膚の保湿を心がける
- ☑ 空気が乾燥する秋から冬にかけては皮膚も乾燥しやすいので、加湿器などを使用して居室内の湿度を保つ
- ☑ 入浴時は、ぬるめのお湯に浸かり、石けんを使いすぎたり、垢すりタオルなどで体を擦って皮脂を取りすぎたりしないようにする
- ☑ 脂漏性皮膚炎の再発を疑う症状が現れたときは、必ず皮膚科医の診察を受ける

処方されるお薬

皮脂欠乏症

分類	例
塗り薬	アンテベートローション、デルモベートスカルプローション、リドメックスローション、フメルタローション、リンデロンVローション など ※真菌の感染で脂漏性皮膚炎が悪化する場合は、抗真菌剤も使われる
かゆみを和らげる薬	ポララミン など

- ステロイド外用剤を長期にわたって使用し続けると、ステロイド紫斑（皮下出血）や細菌感染などの副作用が起きる可能性があるので早期に症状を改善させることが重要になる

 医療連携時のポイント

☑ どのようなときにかゆみが出るのか、かゆみに対してどのような対応を行っているのか、かゆみが日常生活に及ぼす影響（イライラ、不眠、うつなど）があるかなど、細かく医療職に報告する

ココを押さえる！

かゆみはストレスや不眠症などにもつながり、利用者のQOLを低下させます。辛い気持ちに寄り添い、保湿ケアなど、介護職にできるケアを充実させましょう。

感覚器疾患

白内障

どういう病気か
- 眼の中でレンズの役割をする水晶体が白く濁り、次第に視野がかすむ
- 先天性、外傷（ケガ）によるもの、アトピーによるもの、他の病気によるものなどもある
- 老人性白内障の原因は不明
- 早い人では40代から発症し、80代ではほぼ100%の人が発症する
- 初期には点眼薬や内服薬で進行を抑え、視力低下が進んだら手術を行う

症状
- 目が疲れる、人の顔がかすむ、老眼鏡をかけてもはっきり見えない、晴天の日に眩しく感じるなどの症状から始まる
- 進行すると視力がさらに低下し、目の前の指の本数がわからず、ついに、明るいか暗いかの程度しかわからなくなる
- 進行のスピードは人それぞれで、速く進む人もほとんど進まない人もいる

治療法
薬物療法
- 進行を抑える点眼薬や内服薬が用いられる

手術
- 濁った水晶体を取り除き、人工眼内レンズを入れる

日常生活の注意点

未手術の場合
- ☑ 医師の指示通りに薬の点眼、内服を続ける
- ☑ 定期的に眼科を受診し、手術の時期を見極める
- ☑ 転倒予防に努める

既手術の場合
- ☑ 点眼薬を指示通り使用し、定期的に眼科を受診する

処方されるお薬

進行を抑える薬

分類	例
点眼薬	カタリン、カリーユニ、タチオン など
内服薬	チオラ など

> **手術後ケアについて**
> 白内障手術は、ほとんどが日帰りで行われる。手術後は下記のことに注意する。
> - 当日はお風呂に入れない
> - 保護メガネがあればかけ、医師の指示通りに抗菌薬の点眼薬を使用する
> - 手術後2～3日の洗顔は、医師の指示に従う
> - 痛みが強い時は手術した病院に相談
> - 手術後1週間は目を押さえない

 医療連携時のポイント

- ☑ 手術前の人の場合、視力の状態について確認し、転倒予防について医療職と情報共有する
- ☑ 手術後の人の場合、人工眼内レンズが単焦点のものか、多焦点のものか確認する

※人工眼内レンズには、健康保険がきく単焦点レンズと健康保険がきかないため費用は自費となる多焦点レンズがある

ココを押さえる！

視力低下は転倒などにつながるため、目がかすむなど、見え方がわるくなったと思ったら、早めの受診が大切。術後のケアについても理解しておきましょう。

感覚器疾患

緑内障

どういう病気か
- 視神経が障害され、徐々に見える範囲（視野）が狭くなる
- 緑内障の90％は原因不明で、予防は困難
- 一度障害された視神経は元に戻すことができない
- 進行すると視力低下も進み、失明に至る場合もある
- 治療の基本は眼圧を下げる薬の点眼
- 40歳以上で5％、60歳以上では10人に1人が発症する

症状
- 初期にはほとんど自覚症状がない
- はじめは視野の一部が欠け、徐々に視野が狭くなってくる
- 進行すると視力も低下する
- 眼圧の変動が激しいが、自覚症状としては感じない
- 急性緑内障発作といって、急に目が痛み、充血、頭痛、めまい、吐き気などが起こることもある

治療法

薬物療法
- 眼圧を下げる点眼薬や内服薬を用いる

レーザー治療
- レーザーを照射し、房水（目をうるおす体液）の流出路の詰まりを取って、眼圧の低下を図る

手術
- 房水の流出路を手術で新しくつくる

日常生活の注意点
- ☑ 薬物療法が欠かせないので、医師の指示通りに点眼、内服することが大切
- ☑ 定期的に眼科を受診し、眼圧検査、視野検査などを受ける
- ☑ 急に見え方が悪くなるなど、目の異常を感じたら、すぐに眼科を受診する。早期発見・治療が大切

処方されるお薬

眼圧を下げる薬

分類	例
点眼薬	キサラタン、チモプトールXE、リズモンTG、ミケランLA、エイゾプト、トルソプト、コソプト、アイファガン など
内服薬	ダイアモックス など

身体障害者手帳を取得していれば、道具や機械の交付・貸与が受けられる（自治体によりサービス内容は異なる）

- **矯正眼鏡**
- **拡大鏡**：手元のものを拡大して見る
- **単眼鏡**：遠くのものを拡大して見る
- **遮光眼鏡**：まぶしさを防いで見やすくする。白内障や糖尿病性網膜症にも有効

目薬の正しいさし方

❶ 目の周囲の汚れはふきとり、手も石けんできれいにしておく
❷ 指で下まぶたを引っ張り、その部分に液を落とす
※点眼の際は、目薬の容器の先を皮膚やまつげにつけないように注意する
❸ 一滴たらしたら、まばたきをせずに目を閉じ、1分ほどそのままにする
※目薬があふれた場合、ティッシュなどでふく
❹ 使用する目薬が2種類以上ある場合は、間隔を5分空ける

 医療連携時のポイント

☑ 急性緑内障発作のリスクなどについて、医療職と情報を共有する

ココを押さえる！

緑内障は、中途失明の原因の上位にあります。多くの場合は、眼圧を下げる点眼薬や内服薬がほぼ唯一の治療法なので、根気強く続けることが重要です。

感覚器疾患

味覚障害

どういう病気か

- 亜鉛の不足、加齢による味覚の減退（鈍くなる）、嗅覚の低下に伴う味覚の低下、舌苔など舌の表面の異常、薬や放射線治療の副作用、ドライマウス、病気の影響などで起こる
- 味覚障害の半数を占めるのは、65歳以上の高齢者。加齢による味覚の減退を感じ始めるピークは60〜70歳代

症状

- 食べ物の味がしない
- 甘いものが甘くない
- 調理の味付けが濃くなる
- 口の中にいつも味を感じる（酸っぱいなど）
- 食事が薬臭く感じる、砂のような味がする、金属の味がするなど、食事がまずいと感じる

治療法

薬物療法

- 亜鉛不足の場合は、亜鉛を補う薬を用いる

その他

- 原因となっている病気の治療など
- 舌苔の除去や舌炎の治療
- 味覚障害を起こしている薬を突き止め、変更する

日常生活の注意点

- ☑ 亜鉛不足が考えられる場合は、牡蠣、ゴマ、海藻、大豆など亜鉛を多く含む食品を積極的に摂取する（1日に必要な亜鉛の量は15mgだが、日本人の多くは不足している）
- ☑ 口腔内の清潔を保つ（口腔ケア）
- ☑ ストレスをためこまない
- ☑ 味覚障害によって食欲が低下すると、低栄養となるリスクもあるので注意する

処方されるお薬

分類	例
亜鉛を補う薬	プロマックなど（ただし、味覚障害は健康保険適用外）
ドライマウスを改善する薬	サラジェン、サリグレン、麦門冬湯 など ※ドライマウスに対しては、市販の人工唾液などを用いることもある

亜鉛を多く含む食材
- 亜鉛を多く含む食材には右記のものもある
- 亜鉛不足による味覚障害の場合は、右記の食材などを日々の食事にうまく取り入れるようにする

牛肉（もも肉）　チーズ　卵黄　アーモンド　緑茶、抹茶

- 人工唾液とは、人工的に作られた口腔潤滑剤のこと。唾液には殺菌作用があり、口腔衛生の状態を清潔に保つには必要なものである。
- また、ドライマウスの治療にはうがい薬や保湿ジェルなどさまざまな薬が使用される。

医療連携時のポイント

- ☑ 味覚障害の症状に気づいたら、医療職に相談する
- ☑ 食欲や栄養状態、症状をよく観察し、医療職や管理栄養士、歯科衛生士と情報を共有してQOLの回復に努める

ココを押さえる！

味覚障害はQOLを著しく低下させるばかりでなく、食欲低下から低栄養を招く危険もあります。日頃から食事の栄養バランスに注意しましょう。

感覚器疾患

聴覚障害・難聴

どういう病気か
- 聴覚障害とは、耳が聞こえない、または聞こえにくい状態のこと
- 難聴は聞こえにくい状態、補聴器などを使って会話ができる状態のこと
- 高齢者に多いのは、加齢により「音を感知する細胞」の数が減って聞こえにくくなる「加齢性（老人性）難聴」
- 急に発症する「突発性難聴」は若い人にも起こり中高年に多いが、高齢者にもみられる
- 耳垢が詰まって聞こえにくくなっていることもある（耳垢塞栓）

症状

加齢性難聴
- 高い音域から聞こえにくくなる
- 70歳を超えると、ほとんどの音域の聞こえが悪くなる
- 耳鳴りがする

突発性難聴
- 突然聞こえにくくなる
- 耳が詰まった感じ（耳閉感）がする
- 耳鳴りが続く

治療法

加齢性難聴
- 補聴器で聞こえを補う

突発性難聴
- 薬物療法が中心

耳垢塞栓
- 耳鼻咽喉科で耳垢を取る

日常生活の注意点

加齢性難聴
- ☑ 難聴は認知症のリスクを高めるため、補聴器を使用する
- ☑ 大きすぎる音は残っている「音を感知する細胞」を傷つける危険があるため避ける
- ☑ 補聴器と集音器の違いを理解してもらい、適切な使用を促す

突発性難聴
- ☑ 過労やストレス、睡眠不足を避ける

処方されるお薬

分類	例
突発性難聴	プレドニン、プロスタグランジン、ビタミンB12 など

 医療連携時のポイント

- ☑ 難聴は認知症のリスクになるため、医療職とともに補聴器の使用を促し、コミュニケーションを積極的にとる
- ☑ 聞こえやすい話し方を医療職に確認し、徹底する
- ☑ 聞こえないことによる意欲の低下や認知機能の低下など、気になることがあれば医療職に情報提供する
- ☑ 聞こえの医療専門職「言語聴覚士」、「補聴器相談医」、補聴器専門店の「認定補聴器技能者」との連携が必要なこともあるため、どのような職種か理解しておく

ココを押さえる！

加齢性難聴の人と話すときは、「低めの声でゆっくりと」、「滑舌よく」が基本で、必ずしも大声である必要はありません。身ぶりや表情なども工夫します。

感覚器疾患

メニエール病

どういう病気か
- 耳の奥の「内耳」という場所に、リンパ液がたまって腫れる（むくむ）ことにより起こる
- 内耳は聴覚や平衡感覚をつかさどっているため、難聴やめまいなどが起こる
- 自律神経の異常などにより、リンパ液の産生量と吸収される量のバランスがくずれて起こると考えられている
- 過労や睡眠不足、ストレス、悪天候などが引き金となることが多い

症状

聴覚
- 耳鳴り、難聴、耳が詰まった感じ（耳閉感）

平衡感覚
- 10分～数時間続くグルグルめまい（視界がグルグル回って立っていられない）

自律神経症状
- 吐き気、嘔吐、血圧低下、顔面蒼白、冷や汗

治療法

生活改善
- 十分な睡眠時間を確保する
- ストレス発散、リフレッシュ
- 有酸素運動

薬物療法
- 利尿薬（内耳のむくみを軽減）、内耳の循環をよくする薬、抗めまい薬、ステロイド薬、漢方薬 など
- 鼓膜に薬剤を注入する（鼓膜内注入）

日常生活の注意点
- ☑ 規則正しい生活を心がける
- ☑ 特に睡眠不足とストレスが強く関わっているので、睡眠時間の確保とストレスの低減（リフレッシュできる趣味を持つなど）が重要
- ☑ 食塩(塩分)を摂りすぎない
- ☑ 体を冷やさない

処方されるお薬

分類	例
利尿薬	イソバイド
内耳の循環をよくするお薬	アデホスコーワ、ユベラ、カルナクリン
抗めまい薬	メリスロン、セファドール
ステロイド薬	プレドニン
漢方薬	五苓散（ごれいさん）、苓桂朮甘湯（りょうけいじゅつかんとう）、柴苓湯（さいれいとう）
その他	ビタミンB12

医療連携時のポイント

- ☑ 日常生活の注意点を医療職に確認し、利用者がそれを行えるように支援する
- ☑ 適切な治療に結びつくように、症状やその強さ、症状による利用者の困りごとを医療職に情報提供する
- ☑ 処方どおり薬を飲めるように支援し、飲めないようなときは、飲めない理由を聞き医療職に情報提供する

ココを押さえる！

めまいの発作を繰り返すうちに、症状が進んで日常生活に支障をきたすこともあります。生活習慣や服薬で症状をコントロールできるようにサポートしましょう。

がん疾患

肺がん

どういう病気か

- 肺がんには主に2種類（小細胞肺がん、非小細胞肺がん）がある
- 肺がんの転移は血液やリンパ液の流れを介して起こることが多く、リンパ節、脳、骨、肝臓などさまざまな場所に影響を及ぼす
- 罹患数が増加しており、死亡率も年々上昇。男性ではがん部位別死亡率第1位
- 男性の方が女性の約2倍多く、60歳以降に急増する

症状

- 初期段階では症状が出にくい（※肺がんは早期発見が難しいことが多いため、リスク要因を避けることと、定期的な検診が重要）
- 進行すると、慢性的な咳、血痰（血の混じった痰）、息切れ、胸痛、体重減少、疲労感
- 肺がんの転移に伴う症状は、転移先の臓器や組織によって異なる

治療法

- がんの種類、進行度、患者の全身状態などに応じて決定
- 治療には、手術、化学療法、放射線療法、標的治療、免疫療法などがあり、複数の治療法を組み合わせる
- 転移がんの治療は、症状の緩和と生活の質の向上を目的とすることが多い

🔖 日常生活の注意点

治療の進行状況や体調に応じて異なる

- ☑ 健康管理：定期的に医療機関を受診し、息切れ、咳、体重減少、食欲不振などの症状があれば、早めに医師に相談
- ☑ 栄養と食事：バランスの取れた食事（高栄養価で消化しやすい食事を心がける）
- ☑ 体力維持のために、無理のない範囲での軽い運動やストレッチを行う
- ☑ 禁煙の徹底：喫煙は肺がんの進行や再発のリスクを高めるため、完全に禁煙する
- ☑ 手洗いと消毒：風邪や感染症を予防するために、手洗いやアルコール消毒を徹底する
- ☑ 予防接種：インフルエンザや肺炎などの予防接種を検討する
- ☑ 在宅酸素療法：酸素療法を行う場合は、室内環境を整え、火気の取り扱いに気をつける

使用されるお薬

分類	例
化学療法薬（がん細胞の増殖を抑え、殺すことを目的）	シスプラチン、カルボプラチン、パクリタキセル、ドセタキセル、ジェムシタビン、ビノレルビン、ペメトレキセド
分子標的治療薬（特定の遺伝子変異や分子標的に対して有効）	EGFR変異：（エルロチニブ、ゲフィチニブ、アファチニブ） EGFR T790M：（オシメルチニブ） ALK遺伝子再構成：（クリゾチニブ、アレクチニブ、セリチニブ）
免疫療法薬（患者自身の免疫系を活性化してがん細胞と戦う薬）	PD-1阻害薬：（ニボルマブ、ペムブロリズマブ、アテゾリズマブ、ドゥルバルマブ）
抗血管新生薬（がん細胞への血液供給を阻害する薬）	血管内皮成長因子（VEGF）：ベバシズマブ

爪周囲炎

- アファチニブ、オシメルチニブを使用中の患者によく起こる症状
- 爪周囲に発赤や腫脹、肉芽形成、疼痛が生じる
- 爪周囲炎の症状と出現期、対処法について具体的に知っておく
- 疼痛を伴うことから患者のQOLの低下を招き、重症化すると治療を休止する必要が生じる
- 症状が出現する前からケアを行い、重症化を防ぐ

正しい爪切りのしかた

① 爪の白い部分を1mm程残してまっすぐ切る
② 角はヤスリを使って丸く削る
③ 深く切り込まないように注意する

出典：「皮膚障害の対処法（https://www.ganclass.jp/confront/associate/skin04）」（ファイザー）

 医療連携時のポイント

- ☑ 副作用の軽減と早期発見が大切。重症化すると治療を休止する必要が生じる
- ☑ 皮膚障害：分子標的治療薬使用時に皮膚の乾燥や発疹が生じることがあるため、保湿剤を塗るなど皮膚のケアを適切に行う

ココを押さえる！

肺がんは不治の病ではなくなりました。早期発見が生存率向上に不可欠で、禁煙支援が重要です。画像診断と遺伝子検査により、効果的な治療選択を支援します。

がん疾患

胃がん

どういう病気か

- 胃の壁の内側を覆う粘膜の細胞が何らかの原因でがん細胞となる
- がんが徐々に粘膜下層、固有筋層、漿膜へと外側に深く進んでいく
- 胃がんにはいくつかの種類があるが、腺がんが最も一般的なタイプで、胃がんの約90〜95%を占める

症状

- 初期の胃がんは無症状であることが多い
- 進行すると、胃の痛み・不快感・違和感、胸やけ、吐き気、食欲不振、体重減少など
- がんから出血することによって、貧血や、黒い便（血便）が出ることもある
- ※これらは胃がんだけではなく、胃炎や胃潰瘍でも起こる症状

治療法

内視鏡検査（胃カメラ）

- 胃の内側を直接観察し、組織サンプルを採取して病理検査を行う

治療法

- がんの種類、進行度、患者の全身状態などに応じて決定
- 治療には、手術、内視鏡治療、化学療法、放射線療法、分子標的治療、免疫療法などがあり、複数の治療法を組み合わせる
- 転移がんの治療は、症状の緩和と生活の質の向上を目的とすることが多い

日常生活の注意点

- ☑ 胃がんの予防には、ピロリ菌の除菌、バランスの取れた食事、禁煙、適度な運動が重要
- ☑ 定期的な健康診断を受けることで、早期発見・早期治療が可能
- ☑ 胃切除後はダンピング症候群※が起こる可能性があるので、消化のよいものを少量ずつ提供する
- ※ダンピング症候群：胃の中で混ぜられ少しずつ腸に流れていった食べ物が、急に腸に流れ込むために、動悸、めまい、脱力感、震えなどの症状が起こる

使用されるお薬

分類	例
化学療法薬（がん細胞の増殖を抑え、殺すことを目的）	シスプラチン、オキサリプラチン、フルオロウラシル、カペシタビン、エピルビシン、ドセタキセル、イリノテカン
分子標的治療薬（特定の遺伝子変異や分子標的に対して有効）	HER2陽性：（トラスツズマブ）　血管新生を抑制：（ラムシルマブ）　EGFR：（パニツムマブ）
免疫療法薬（患者自身の免疫系を活性化してがん細胞と戦う薬）	PD-1阻害薬：（ニボルマブ、ペムブロリズマブ）
抗血管新生薬（がん細胞への血液供給を阻害する薬）	血管内皮成長因子（VEGF）：アパルリシブ
その他の治療薬	多機能キナーゼ阻害薬：（ソラフェニブ、スニチニブ）

手足症候群
- フルオロウラシル、カペシタビン、ドセタキセル、ソラフェニブ、スニチニブを使用中の患者によく起こる症状
- 抗がん剤による治療中に手や足の皮膚にみられ、身体の左右両側に現れやすい
- 初期症状として、手や足にしびれ、ピリピリするような感覚の異常や、やけどした時のような痛み
- 長時間または繰り返し同じ部位に圧力がかからないようにする
- 手足症候群の予防、悪化防止のために、手や足の摩擦や熱を避けることが大切で、手のひらと足の裏に保湿クリームを塗って潤いを保つ

 医療連携時のポイント

- ☑ 抗がん剤の治療が始まったら悪心・嘔吐、下痢、口内炎などの副作用だけでなく、手や足をよく観察する
- ☑ 手足症候群の初期症状に気づいたら、できるだけその部位に刺激を与えず、安静を保つようにして、すぐに担当医に相談する

ココを押さえる！

胃がんは早期発見が重要です。胃内視鏡検査で診断を確定します。ヘリコバクターピロリ感染と食生活がリスク因子となっており、定期検査が推奨されています。

がん疾患

肝臓がん

どういう病気か

- 肝臓がんの90%以上は肝細胞がんであるため、一般的には「肝臓がん」とは「肝細胞がん」のことを意味する
- 50歳代から増加し始め、80～90歳代でピークを迎える。男女比は2：1と男性に多いのが特徴、2000年以降、男女ともに罹患率、死亡率は減少傾向
- 肝細胞がんの人は、B型肝炎やC型肝炎、アルコール性肝障害、非アルコール性脂肪肝炎、肝硬変などの慢性肝疾患を伴っていることが多くある
- 肝細胞がんは、肺やリンパ節、副腎、脳、骨などに転移することがある

症状

- 肝臓がんは早期には無症状であることが多い
- 肝機能が低下すると、黄疸（皮膚や目が黄色くなる）、むくみ、かゆみ、だるさや倦怠感など
- 肝細胞がんが進行した場合は、腹水貯留、腹部にしこりや圧迫感、痛みがあらわれることがある

治療法

手術
- 部分肝切除や肝移植

局所治療
- ラジオ波焼灼療法（RFA）や肝動脈化学塞栓療法（TACE）／肝動脈塞栓療法（TAE）
- そのほか化学療法、放射線療法、分子標的治療、免疫療法など

日常生活の注意点

- ☑ B型肝炎ワクチンの接種
- ☑ C型肝炎の早期治療
- ☑ 過度なアルコール摂取を控える
- ☑ 健康的な食生活と運動で肥満を防ぐ
- ☑ むくみや腹水がある場合は、塩分を控えめにする

使用されるお薬

分類	例
分子標的治療薬（特定の遺伝子変異や分子標的に対して有効）	ソラフェニブ、レゴラフェニブ、レンバチニブ、ラムシルマブ
肝不全治療薬	アミノレバンEN配合、リーバクト配合顆粒、モニラック、ラクツロース
胆汁酸利胆薬	ウルソ、コスパノン

- ソラフェニブやレゴラフェニブの副作用には手足症候群や下痢などがある
- レンバチニブやラムシルマブの副作用は、血圧上昇、腎臓の障害によるたんぱく尿、甲状腺機能の低下
- アミノレバンEN配合やリーバクト配合顆粒は、よく溶かしすぎると苦みが強くなるため顆粒をつぶさない

 医療連携時のポイント

- ☑ 手足症候群が現れた場合は、保湿クリームで皮膚を保護したり、手足の痛みを軽減するための対策をとる
- ☑ 血圧上昇やむくみ、著しい体重増加が現れた場合はすぐに報告する

ココを押さえる！

肝細胞がんの発生には、ウイルスなどによる肝臓の慢性的な炎症や肝硬変が影響しています。健康診断などでの早期発見と、定期的な検査が推奨されます。

がん疾患

大腸がん

どういう病気か
- 大腸（盲腸、結腸、直腸、肛門）に発生するがん
- 高齢化社会の進展、ライフスタイルの変化により、世界的に増加傾向
- 男性は女性に比べてリスクが若干高い
- リンパ節、肝臓、肺、骨などに転移しやすく、特に肝臓への転移は比較的多く見られる

症状
- 早期には自覚症状がないことが多い
- 進行すると血便、便秘や下痢を繰り返す、腹痛、体重減少、全身の倦怠感などが現れる
- 急な嘔吐や慢性的な便秘から救急受診し、がんが発覚することもある
- 緊急手術で、人工肛門を造設する場合もある

治療法
- 内視鏡治療、手術（腹腔鏡下、開腹）による切除が基本
- 場合によっては化学療法（抗がん剤）、放射線療法、免疫療法など

日常生活の注意点
- ☑ 大腸がんは早期に発見されれば治療の成功率が高い
- ☑ 50歳以上の人は定期的に検査を受けることを推奨
- ☑ 繊維質の多い食事を心がけ、赤肉や加工肉の摂取を控える
- ☑ 定期的な運動を行い、健康的な体重を維持する
- ☑ 喫煙を避け、アルコール摂取を控える

使用されるお薬

分類	例
化学療法薬（がん細胞の増殖を抑え、殺すことを目的）	5-FU、S-1、カペシタビン、**オキサリプラチン**、イリノテカン
分子標的薬（特定の遺伝子変異や分子標的に対して有効）	抗EGFR抗体（セツキシマブ、パニツムマブ）、マルチキナーゼ阻害薬（レゴラフェニブ）、抗VEGF抗体（ベバシズマブ、ラムシルマブ）、VEGF阻害薬（アフリベルセプト）
代謝拮抗薬	トリフルリジン・チピラシル塩酸塩

末梢神経症状

オキサリプラチンによる主な副作用。手や足、口のまわりがしびれる、痛みを感じるといった感覚異常。次の2つのタイプに分けられる

① **投与数時間後から現れ、14日以内に回復する急性神経障害**
- 寒冷の刺激によって誘発される。手足、口のまわりのしびれやチクチクする痛み、舌の感覚がおかしい、あごやのどがしめつけられる、食べ物が飲み込みにくいなどの症状が現れるが、通常数日で回復する

② **14日以上持続し、日常生活に支障をきたす持続性神経障害**
- 治療を繰り返すと、手足のしびれや痛みによって、ボタンが外しにくい、文字が書きにくい、歩きにくい、食べ物や飲み物が飲み込みにくいなどの症状が続くことがある

医療連携時のポイント

- ☑ オキサリプラチンの治療中、冷たいものに触れると、症状が出やすくなったり、ひどくなったりするので、点滴直後から5日間くらいは注意が必要
- ☑ 骨髄抑制（白血球、ヘモグロビン、血小板の減少）が起こりやすいので、感染症状の有無、貧血、内出血の有無に注意
- ☑ 吐き気（悪心）・嘔吐、食欲不振、便秘、下痢などの症状が続くようであれば医療職に報告する

ココを押さえる！

大腸がんは早期に発見されれば治療の成功率が高い病気。進行すると治療が難しく、早期発見・早期治療が非常に重要です。生活習慣が発症のリスクに影響します。

がん疾患

乳がん

どういう病気か

- 乳がんの約90%は乳管から発生し、乳管がんという。小葉から発生する乳がんが約5〜10%あり、小葉がんという
- 乳がんは、小さいうちに見つけると、治る可能性の高い病気。早期に見つかった場合、90%以上は治る（治療効果は高く、乳がん全体の10年生存率は約80%と高くなっている）
- 乳がんが進行するとリンパ節や骨、肺、肝臓などに転移する
- がんの中で女性の罹患率第1位。40〜50代の女性に多く発症する傾向
- 乳がんは男性にもまれに発生する

症状

- 乳房のしこり。自分で乳房を触ることで気づく場合もある
- 乳房にくぼみができる、乳頭や乳輪がただれる、左右の乳房の形が非対称になる、乳頭から分泌物が出る
- わきの下のリンパ節に転移すると、わきの下の腫れやしこり、しこりによる神経の圧迫からくるしびれなどを生じることもある

治療法

がんの進行度や種類、分類に応じた標準治療を基本として、本人の希望や生活環境、年齢を含めた体の状態などを総合的に検討し、担当医と話し合って決める。

- 乳管や小葉内のがんの拡がりに合わせて乳房部分切除術（乳房温存手術）または乳房全切除術、腋窩リンパ節郭清
- 放射線治療
- 薬物療法

日常生活の注意点

- ☑ 外科的治療を受けた患者の場合、治療した側の腕があがりにくい、腕を回しにくい、腕がだるい、痛む、しびれる、わきの皮膚が突っ張るといった症状がみられることがある
- ☑ 手術で、リンパ節郭清やリンパ節に放射線治療を行った後に、腕や手がむくむことがあり、リンパ浮腫はいったん起きると治りづらい
- ☑ 手術後、傷の治り具合や再建手術の有無、方法によって、下着の選び方は変わることもある
- ☑ 手術した側の腕で血圧測定しないようにする

使用されるお薬

分類	例
ホルモン療法薬	抗エストロゲン薬（タモキシフェン、トレミフェン）、GnRHアゴニスト（ゴセレリン、ニュープロレリン）、アロマターゼ阻害薬（アナストロゾール、レトロゾール、エキセメスタン）、抗エストロゲン薬（フルベストラント）
化学療法薬（がん細胞の増殖を抑え、殺すことを目的）	注射剤：AC療法、EC療法、ドセタキセル、パクリタキセル、ナブパクリタキセル、TC療法、フッ化ピリミジン系抗がん薬（カペシタビン、テガフール・ギメラシル・オテラシルカリウム配合剤、エリブリン、ビノレルビン、ゲムシタビン）
分子標的薬（特定の遺伝子変異や分子標的に対して有効）	抗HER2療法（トラスツズマブ、ペルツズマブ、ラパチニブ） CDK4/6阻害薬：パルボシクリブ、アベマシクリブ

- ホルモン治療では、更年期症状に似た症状、ホットフラッシュ（のぼせ・ほてり・発汗）や精神症状（気分の落ち込み、いら立ち、不眠など）が出現し、日常生活に影響を与える場合もある
- ほてりや関節痛などの女性ホルモンに関連する症状
- 高コレステロール血症、骨密度低下、骨粗しょう症などがある。骨粗しょう症が進行すると骨折のリスクが高まるため、転倒などの注意が必要

 医療連携時のポイント

- ☑ 抗がん薬治療を受けている場合、骨髄抑制（白血球、ヘモグロビン、血小板減少）が起こりやすいので、感染症状の有無、貧血、内出血の有無に注意
- ☑ ホルモン治療を受けている場合、ホットフラッシュや精神症状（気分の落ち込み、いら立ち、不眠など）の症状が続くようであれば報告する
- ☑ 高齢者の場合、胸からのにおい、滲出液、疼痛、出血に気づいていたものの、羞恥心から他者に伝えず放置した結果、悪化した状態で発覚するケースもある。さりげない観察が必要

ココを押さえる！

乳がんは、早期発見が治療成功の鍵。家族歴や遺伝子異常もリスク因子となります。2年に1回の検診が推奨されています。

終末期だけのケアではない

緩和ケアのポイント

 ## 緩和ケアって何？

　緩和ケアとは、生命を脅かす病に関連する問題に直面している患者と、その家族のクオリティ・オブ・ライフ（QOL：生活の質）を、痛みやその他の身体的・心理社会的・スピリチュアルな問題を早期に見出して的確に評価を行い対応することで、苦痛を予防し和らげることを通して向上させるアプローチのことです。
＊日本緩和医療学会「WHO（世界保健機関）による緩和ケアの定義（2002）」定訳

 ## 緩和ケアは、がんと診断されたときから始まる

　がんそのものやがんの治療によって生じる副作用など、身体的な苦痛は多くのがん患者さんが苦しみを抱えています。しかし、がんによる苦痛は、身体的なものに限ったことではありません。がんと診断されたとき、治療中の不安、転移・再発がわかったときの衝撃など、多くの苦しみを感じています。また、がんを患い、今後の人生設計などが変わってしまい、さまざまな辛さや不安でいっぱいになることも。がんによる苦痛は、このような精神的苦しみや身体的な苦しみを含め、4つの側面があります。

> **がんによる苦痛の4つの側面**
> ①がんそのものやがんの治療によって生じる副作用など、身体的な苦しみ
> ②気持ちが落ち込んでしまったり不安を感じてしまったりといった精神的な苦しみ
> ③働くことができずに経済的な問題が生じてしまうといった社会的な苦しみ
> ④人生の意味や苦しみの意味、自分の存在意義などを考えてしまうスピリチュアルペイン

これら4つの苦しみは、相互に影響し合っています。1つの苦しみがさまざまな苦しみを引き起こすという考え方を、トータルペイン（全人的苦痛）と呼びます（下図）。
　がんによって起こるさまざまな苦しみをケアしていく上では、このトータルペインという考え方を理解することがとても大切です。

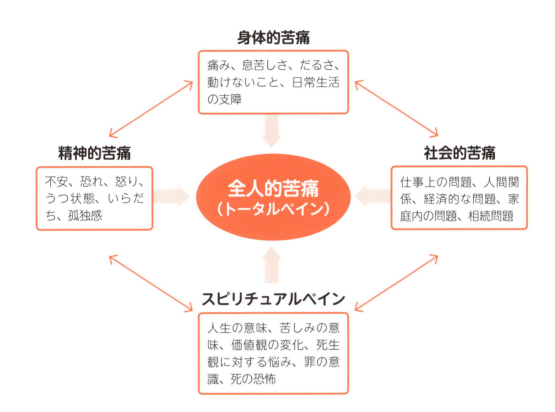

ココを押さえる！

患者本人が希望する生活を実現していくためには、がんの治療を受けているときから、今後のことについて家族や医療者と話し合っておくことが大切です。

穏やかな最期を迎えるために

がん患者の看取り

 予後の見通しを立てることが大切

「あとどれくらい生きられる？」この質問はとても「ドキッ」としてしまいます。しかし、患者や家族が今後の目標や優先順位を考える際にとても重要です。また、生存期間の予測とともに死期が差し迫っていることを把握し、患者さんやご家族が必要とされている支援を受けられるように調整していくことも必要です。残された時間が限られている患者や家族の心情に寄り添い、豊かに生ききる患者と家族を支えるために、予後の見通しを立てることは大切なのです。

●**最期が近いと思われる状態・症状**

1週間前～

- 眠っている時間が長くなる
- 夢と現実をいったりきたりする
- 聞き取りづらくなる
- 水分摂取量が低下する
- むせることが多くなる
- 尿量が減る
- 口数が少なくなる
- 表情が乏しくなる
- 食事を摂らなくなる
- トイレに行けなくなる

※ただし、がん患者は、亡くなる前日まで会話ができたり、数日前までトイレの自立や歩行が可能なことも多い

1、2日～数時間前

- 声をかけても目を覚ますことが少なくなる
- のど元でゴロゴロ音がすることがある
- 唾液をうまく飲み込めなくなる。舌根が気道をふさいだりする
- 呼吸が浅く、不規則になったり、呼吸のたびに肩やあごが動くようになる
- 手足の先が冷たく青ざめ、脈が弱くなる
- チアノーゼや唇に赤紫色の斑点が現れる
- 頻脈や徐脈、不整脈などが現れ、酸素飽和度、血圧が低下する

ほかにもある体や意識の変化

- 唇や口腔内が乾く
- 尿が少なく、濃くなる
- 視力が低下する
- つじつまの合わないことを言ったり、手足を動かすなど落ち着かなくなる
- 食事や水分の摂取量が少なくなり、便秘になりやすくなる

がんの病の軌跡

　予後の見通しを立てる際の目安としてがんの病の軌跡をご紹介します。がんの病の軌跡では、初めの数カ月から数年の間、全般的に機能は保たれていますが、最期の1～2カ月で急速に機能が低下することが特徴となっています。亡くなる2カ月くらい前から、変化が出始め、1カ月前くらいになると、先週より今週の状態が悪くなり、1週間を切ると、昨日と今日で状態が変わってきます。がんの終末期であらゆる面で介護が必要となるのは、最期の1～2カ月です。だからこそ、緩和ケアをしっかりと行い、がんによる4つの苦痛をやわらげることが大切です。最期まで穏やかに過ごすことができれば、家族の介護負担も過剰にならず、自宅での看取りは十分可能であるといわれています。

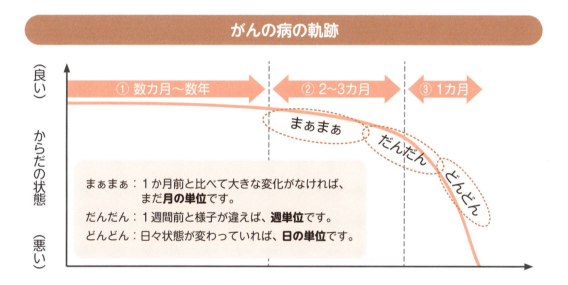

がんの病の軌跡

① 数カ月～数年　② 2～3カ月　③ 1カ月

まぁまぁ：1か月前と比べて大きな変化がなければ、まだ**月の単位**です。
だんだん：1週間前と様子が違えば、**週単位**です。
どんどん：日々状態が変わっていれば、**日の単位**です。

ココを押さえる！

早期からの緩和ケアは心身の状態を安定させることにつながり、生存期間を延ばす可能性があります。穏やかに療養するためにも必要なケアとなります。

高齢者が気をつけたい症状

敗血症

どういう病気か
- 尿路感染症や肺炎、褥瘡の化膿など、ごく日常的な感染症を発端に起こる
- 病原体（細菌やウイルスなど）が体に入り込むと、体は防御反応を起こすが、ときに防御反応がコントロールできなくなる。そのために、心臓や肺、腎臓などの臓器が障害を受ける
- 糖尿病など特定の慢性疾患、人工関節、人工心臓弁の使用などがあると、敗血症を起こすリスクが高い

症状
- 38℃以上の発熱、または36℃以下の低体温
- 心拍数（脈数）や呼吸数の増加
- 悪化すると内臓の機能不全（働かなくなること）が起こり、血圧が低下する
- 精神状態の変化、浮腫や呼吸困難などが現れる

治療法
薬物療法
- 抗菌薬（注射薬）の投与を早期に行う

※敗血症性ショックの場合は大量の輸液が必要になることもある
※褥瘡など感染を起こしている部分を取り除く。また、感染の原因と考えられるカテーテルや医療器具をすべてはずす

日常生活の注意点
- ☑ 感染症治療中の利用者や、褥瘡のある利用者では、常に敗血症のリスクを考え、体温などバイタルサインの変化や、いつもと違う症状に注意する
- ☑ 敗血症性ショックによる死亡率は、先進国でも30％と高く、適切な初動治療が必要なので、日頃から医療職と連携関係を築く

日常的な感染症が原因で起こる、重篤な病気です。死亡率が高く、早期に発見し、適切な治療を行うことが非常に重要です

高齢者が気をつけたい症状

浮腫（むくみ）の原因とケア

どういう病気か
- 加齢によるもの、病気の症状として現れるもの、薬の影響によるものがある
- 全身性浮腫と、部分的にむくむ局所性浮腫がある
- **全身性浮腫**：心不全、腎炎や腎不全、肝硬変、栄養障害、薬の副作用など
- **局所性浮腫**：皮膚感染症、アレルギー、下肢静脈瘤や深部静脈血栓症、リンパ節の切除※、機能障害など

※乳がん、子宮がんや卵巣がん、前立腺がんなどの術後に起こるリンパ浮腫

症状
- 全身性浮腫の場合、重力の影響で、下腿（膝から下）や足の甲にみられる。左右差はないが、体位によってむくむ場所が変わる
- 浮腫のある部分を指で圧迫すると、へこんだままなかなか戻らない
- 体重増加やだるさ
- たまっている水分が体重の5〜10%に満たない場合は、浮腫として目に見えないこともある（潜在浮腫）

治療法
リハビリ
- 加齢によるものに対しては、運動療法などでリンパ液や血液の流れを改善
- 高度な浮腫やリンパ浮腫の場合は、圧迫療法、運動療法、リンパドレナージ、スキンケアをトータルで行う（複合的理学療法）

手術
- リンパ浮腫の場合は、リンパ菅と静脈をつなぐ手術を行うこともある

日常生活の注意点
- ☑ できるだけ活動量を増やし、リンパ液の流れや血流が滞らないようにする
- ☑ 長時間の同一体位や冷えを避ける
- ☑ リンパ管の動きを刺激するために、腹式呼吸や肩回しを積極的に行う
- ☑ 浮腫の部位を締めつける服は避ける
- ☑ 浮腫のある部分はとくに清潔を保ち、虫刺されや小さなケガにも注意。皮膚感染症（蜂窩織炎）などを早期に発見し、医療職に報告する

> 高齢者が気をつけたい症状

肌のトラブル・スキンテア（皮膚裂傷）

どういう病気か
- 摩擦・ずれによって、皮膚が裂けて生じる真皮深層までの損傷（部分層損傷）
- 加齢による皮膚の弾力性低下、栄養不良、ステロイドなどの薬剤の使用により発生しやすくなる

※持続的な圧迫やずれによる創傷（褥瘡）や失禁による皮膚障害は、スキンテアではない。特に高齢者や皮膚が脆弱な人に多く見られる

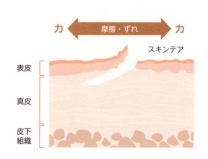

原因
- **機械的外傷**：転倒や衝突、引っ張りなどの物理的な力が皮膚に加わることで発生
  - （例）物にぶつかったとき（ベッド柵、車椅子など）、皮膚が裂けた
- **摩擦やずれ**：ベッドや車椅子への移動時に皮膚が引きずられることが原因
  - （例）車椅子の移動介助や体位変換のときに、皮膚が裂けた
  - （例）医療用テープや絆創膏をはがすときに、皮膚が一緒にはがれた

治療法
- 清潔に保ち、保護用のドレッシング（包帯）を使用する
- 重度の場合は医療機関を受診する
- 予防の基本は栄養管理、外力からの保護（環境整備や介助技術の見直しなど）、スキンケア（保湿や洗浄）など

日常生活の注意点
- ☑ 適切なスキンケア、栄養管理、保湿を行う
- ☑ 摩擦や圧力を避ける工夫をする
- ☑ スキンテアの管理は、皮膚の保護と健康維持に焦点を当てて、早期発見と迅速な対応が重要

スキンテアが発生したら

手順
①止血し、十分に洗浄する
②皮弁を元の位置に戻せる場合は戻す
③白色ワセリンと非固着性のガーゼを用い、包帯などで固定する
※医療用テープや絆創膏など、皮膚に張り付くものは使用しない

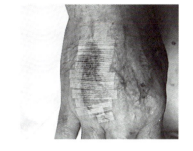

洗浄のポイント
- 弱酸性の洗浄剤を選択
- 洗浄剤はよく泡立てる
- 手のひらを使って、優しく洗浄する
- 弱い水流で、十分にすすぐ
- 体を拭くときは、タオルで皮膚表面を軽く押さえるように水分を拭きとる

創傷被覆材による固定のコツ
- 不透明な創傷被覆材を使用する場合は、はがす方向を矢印で記載する。はがす際に皮弁の固定を妨げないようにする

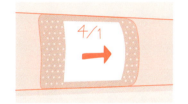

保湿の意義
- 皮膚の乾燥は、皮膚の脆弱性を招く状態のひとつ
- 保湿外用剤などを塗って皮膚の乾燥を防ぎ、皮膚本来のバリア機能を保つ
- 保湿外用剤を1日2回塗布すると、スキンテアの発生率が約50％減少するといわれている

ココを押さえる！

スキンテアは、介助者などの不適切なケア行為によって皮膚が裂けたかのように家族が不信感を抱くこともあるため、正しい知識をもった適切な対応が求められます。

高齢者が気をつけたい症状

脱水症

どういう病気か

- 体内の水分が足りない状態
- 原因は、摂取する水分量が足りない、または失う水分が多い。この2つが同時に起こることもある
- 高齢者は、摂取する水分量の不足に気をつける必要がある
- 血液検査で診断するが、皮膚や口腔内の乾燥などの症状で推測できる
- 重症になると命に関わる

症状

- のどの渇き、脇の下・皮膚・粘膜・口腔内などの乾燥、目が落ちくぼむ
- 皮膚をつまんだとき、3秒以上なかなかもとに戻らない
- 舌の表面が乾いている
- 立ち上がると血圧が下がる・脈が速くなる（頻脈）
- だるさ、微熱、頭痛、嘔吐、めまいなどが生じることもある
- 意識障害（せん妄）が現れることもある

治療法

- 口から水分補給が可能な場合は、経口補水液などを飲ませる
- 飲水ができないほど衰弱している場合は点滴で水分などを補う

※血圧低下や意識障害がある場合は入院が必要になることもある

日常生活の注意点

- ☑ こまめな水分摂取。1時間ごとを目安に、のどが渇く前に飲むことが大切
- ☑ 入浴前や起床時にコップ1杯の水を飲む（就寝前は夜間頻尿の状態により調節）
- ☑ 気温が高い時期は脱水症のリスクが高まるため、1日1.2Lを目安に水分を摂る
- ☑ 高齢者はのどの渇きを感じにくいため、周囲が飲水を促す
- ☑ 利尿作用のあるアルコールやカフェインを摂りすぎない
- ☑ 水分を蓄えるタンクとなる筋肉を増やす

> 高齢者が気をつけたい症状

熱中症

どういう病気か
- 体内に熱がこもって体温が上がり、臓器が高温にさらされて起こる体調不良
- 気温・湿度の高い環境では、体内にたまった熱を逃がしにくくなる。また、汗で水分や塩分が体外に出て不足し、血液の流れが悪くなることも影響する
- 体にたまった熱で臓器がダメージを受け、死亡に至る場合もある
- 脱水は熱中症のリスクを高める

症状

軽度
- めまい、立ちくらみ、生あくび、大量の汗、こむら返り

中等度
- 頭痛、嘔吐、倦怠感、脱力感、集中力の低下

重症
- 高体温、意識障害、けいれん など

治療法

軽度
- 涼しい場所で休ませる、体の表面を冷やす（首のまわり、脇の下、脚の付け根を中心に）、経口補水液などで水分と塩分を補給する

中等度（医療機関の診察が必要）
- 体温のコントロール、安静、十分な水分と塩分の補給（点滴）

重症（入院が必要）
- 体温、呼吸、循環器などを総合的に管理する

日常生活の注意点

予防
- ☑ エアコン、扇風機を適切に使用する
- ☑ 部屋の風通しをよくする
- ☑ 蒸し暑いときは絞ったタオルで体を冷やす
- ☑ 涼しい場所、施設（クーリングシェルター）を利用する
- ☑ 夏になる前に、体を暑さに慣れさせる暑熱順化をする
- ☑ 非常時の連絡先を見えるところに貼る
- ☑ 部屋に温度計・湿度計を備え、チェックする
- ☑ こまめに水分補給をする
- ☑ 涼しい服装をする。外出時は帽子を使用

PART3 高齢者によくみられる疾患

高齢者が気をつけたい症状

低体温症

どういう病気か
- 深部体温が35℃以下に低下した状態
- 深部体温は中心温とも呼ばれ流体の内部の温度で、脳を含む臓器の働きを守るために37.0℃程度に保たれるが、寒い場所で長時間過ごしたりすると下がる
- 高齢者は熱を産生する筋肉が少なく、体温調節機能も老化している上、体温低下を自覚しにくいため低体温になりやすい
- 脳血管障害、甲状腺機能低下症、低血糖、低栄養も低体温症のリスクとなる

症状

軽度低体温（35〜32℃）
- ふるえ、歯がカチカチ鳴る、動作が鈍くぎこちない、反応が鈍くぼんやりする

中等度低体温（32〜28℃）
- ふるえが止まる。末梢の血管が縮んで指先が動かせない、うまくしゃべれない

高度低体温（28℃以下）
- 体が硬くなる、脈拍が弱くなる、呼吸が遅くなる、不整脈、昏睡状態

治療法

軽度低体温
- 保温（暖かい部屋へ移す、電気毛布や湯たんぽを使うなど）。衣服が濡れている場合は脱がせて毛布などでくるむ
- 温かい飲み物を飲ませる

中等度低体温、高度低体温（病院で治療）
- 温めた酸素の吸入、温めた点滴薬の静脈内投与など
- 血液透析装置や人工心肺装置を使って体（血液）を温めることもある

 日常生活の注意点

予防
- ☑ 暖房器具を適切に使用する
- ☑ 部屋に温度計・湿度計を備え、チェックする
- ☑ 気温に適した服装をする。靴下や手袋を着用する
- ☑ 使い捨てカイロや湯たんぽなどを活用する（低温やけどに注意）
- ☑ たんぱく質を十分に含むバランスのよい食事を摂る
- ☑ 適度な運動で筋肉をつける。活動的に過ごす

高齢者が気をつけたい症状

貧血

どういう病気か
- 血液中の「ヘモグロビン」が少なくなった状態のこと
- ヘモグロビンは酸素を体のすみずみに運ぶ役割を果たしているため、貧血になると体が酸素不足になってさまざまな症状が現れる
- 鉄分の不足（鉄欠乏性貧血）のほか、高齢者の場合はがんや感染症、膠原病などの病気が原因のことも多い
- 加齢により血液をつくる機能が低下して起こる「老人性貧血」もある
- 薬の副作用で貧血になることもある

症状
- 動悸
- 息切れ
- 疲れやすさ、倦怠感など
- まぶたの裏側の粘膜が白くなる

治療法
- 鉄欠乏性貧血の場合は鉄剤で鉄分を補給する
- 原因疾患がある場合はそれを治療する
- 輸血する
- 老人性貧血の場合は食生活の改善などで様子を見ることもある

 日常生活の注意点

- ☑ 鉄欠乏性貧血の場合は鉄分の多い食品を食べる。特に吸収されやすい鉄分を含む、レバー、砂肝、赤身の牛肉、メザシ、マイワシ、カツオ、アサリ、シジミなどを積極的に摂る。納豆、小松菜、枝豆、ヒジキなどの鉄分は、ビタミンCやたんぱく質と一緒に摂ると吸収率が上がる
- ☑ ヘモグロビンなどを作る材料になるたんぱく質を含むバランスのよい食事
- ☑ 体をよく動かす

PART3 高齢者によくみられる疾患

Column

「老衰」で亡くなる人が増えている

　大往生ともいわれる「老衰死」の数は、戦後減り続けてきましたが、高齢者人口の増加とともに増加に転じ、2023（令和5）年では18万9912人と、死因順位の第3位となっています。

「老衰死」とは直接の死因となる疾患がなく、老化による身体機能の低下で死を迎えることです。老衰死する方には、「食べる」機能が衰え、体重減少が進んでいくという特徴があるといわれています。老衰の高齢者は、死が近づくにつれて食べ物を受け付けなくなり、腸の細胞が減少して栄養を吸収する能力が低下するのです。

「人生の最期は苦しまずに安らかに逝きたい」というのは誰もが願うことですが、国が2022（令和4）年に発表した「人生の最終段階における医療・ケアに関する意識調査」では、心臓や呼吸が止まった場合、蘇生処置を「望まない」と回答した人は72.6％でした。

　厚生労働省は、従来「終末期医療」と表記してきたものを、2015年に「人生の最終段階における医療」と表記することに変えました。これは、最期まで人間の尊厳を尊重した医療を目指すという考え方によるものです。

　緩和医療の分野では、「Not doing, but being」（何もしないで、そばにいてあげなさい。）というDame Cicely Mary Strode Saundersの言葉が広く受け入れられていますが、現実から目を背けずに受け入れることが、安らかな最期を迎えるために大切なのではないでしょうか。誰にでも命の終わりはいつか必ず訪れるのですから。

巻末資料

知っておきたい医療用語

医療職との連携では、たびたび医療などの専門用語が飛び交うこともあります。
基本的な医療用語、また医療・福祉器具を取り上げて解説します。

■ ADL

Activities of Daily Livingの略で、「日常生活動作」と訳される。食事、排泄、整容、移動、入浴など、日常生活を営む上で普通に行っている行為のこと。日本リハビリテーション医学会は、「一人の人間が独立して生活するために行う基本的な、しかも各人ともに共通に毎日繰り返される一連の身体的動作群」と定義。

■ ASO

Arteriosclerotic Obliteransの略。「閉塞性動脈硬化症」と訳される。介護保険による特定疾病のひとつ。血液の流れが滞り、手足に障害が現れる。進行すると、潰瘍や壊死が起こる。

■ CO₂ナルコーシス

急な高炭酸ガス（CO_2）血症により、中枢神経や呼吸中枢が抑制され意識障害や呼吸抑制が生じること。在宅酸素療法などを行っている慢性閉塞性肺疾患（肺気腫など）の患者に、過剰な酸素を供給するとCO_2ナルコーシスを起こす。

■ IADL

Instrumental Activities of Daily Livingの略で、「手段的日常生活動作」と訳される。ADLを応用する必要のある動作で、電話を使用する能力、買い物、食事の準備、家事、洗濯、移送の形式、外出、自分の服薬管理、財産取り扱い能力という9項目の尺度がある。

■ アシドーシス

体内の水素イオン濃度が下がり体液が酸性に傾くこと。重症になると意識障害に至る。呼吸器疾患、糖尿病、腎臓疾患で起こる。

■ アナフィラキシー

アレルギー反応が短い時間で全身に激しく現れること。じんましんなどの皮膚症状、腹痛や嘔吐などの消化器症状、息苦しさなどの呼吸器症状が同時に、あるいは急激に出現し場合によっては生命を脅かす（アナフィラキシーショック）。迅速な救急対応が必要である。

■ インスリン

血液中のブドウ糖が、筋肉や細胞でエネルギーに変わるときに必要なホルモン。インスリンの分泌量が減ったり、働きが悪くなったりすると血液中のブドウ糖が利用されず、血糖値が高くなる。インスリンは膵臓のランゲルハンス島という細胞のかたまりの中のβ細胞でつくられる。

■ 植え込み式除細動器（ICD）

心室頻拍や心室細動など、突然死につながる危険な頻脈に対して用いる体内植え込み型治療装置。危険な頻脈が起こったとき、自動的に電気ショックを与え、心臓の動きを元に戻す。ペースメーカーとICDの機能を併せもつ両心室ペーシング機能付き植え込み式除細動器（CRTD）も普及しつつある。

■ 黄疸

ビソルビンという色素が血液中に増加し、皮膚や粘膜が黄色みを帯びること。肝臓や胆管系の疾患が疑われる。

■ オリーブ橋小脳萎縮症

小脳が萎縮し運動失調が起きる疾患。脊髄小脳変性症では最も多い病型。自律神経失調の症状やパーキンソン病のような症状も。運動失調の進行を抑えるためリハビリを行う。

■ 過活動膀胱

膀胱が突然収縮することで尿意を感じ、我慢できなくなる病気。尿意切迫感や頻尿などの症状が見られる。

■ 喀痰吸引器

本人が自力で喀出できない痰などの気道や口腔内分泌物を、取り除くための装置。カテーテルを接続して使用する。気管切開をしている人に対しては、24時間一定の低圧で持続的に吸引する自動喀痰吸引器を用いることもある。

■ カニューレ

身体に挿入し、体液の排出や薬液の注入などのために用いる管のことをカニューレという。意識障害、腫瘍などで気管が閉塞したとき、気管切開をして装着するものを気管カニューレという。また、酸素吸入のために鼻腔に装着するものを酸素（経鼻）カニューレという。

■ 関節リウマチ

関節が腫れて痛む進行性の疾患。起床時に関節のこわばりや痛みがある。全身のだるさや食欲不振、貧血、手足のしびれなどの症状が見られる。中高年の女性に多いのが特徴。

■ 狭窄

弁の開口部が細く狭くなり、内容物が通過しにくくなった状態のこと。脊柱管が狭くなる脊柱管狭窄症や大動脈弁狭窄症などの病気がある。

■ 起立性低血圧

体位変換時、特に臥位や座位から急に立ち上がったときに血圧が下がり、ふらつきやめまい、動悸などの症状が出現。時には失神などを伴う。重力の影響で血液が頭部から下半身方向へと移動していくために起こる。

■ 筋固縮

筋肉がこわばり、体をスムーズに動かせなくなる状態。無理に動かそうとすると、歯車のようにガクガクとした動きになる。これを歯車現象という。体の関節が硬くなったり、動きが鈍くなることで、日常生活に支障をきたすことがある。

■ 経管栄養

口から食事を摂ることが難しい場合の栄養摂取法。鼻からチューブを挿入する鼻腔栄養と皮膚と胃にろう孔をつくり、水分や栄養分を投与する胃ろうがある。胃ろうは、チューブによる不快感の問題などを解消できるため、長期の使用が可能。経管栄養が必要になる病気として、脳

巻末資料

血管障害や食道穿孔、炎症性腸疾患などがある。

■ 血腫

血瘤とも呼ばれる。血管から出血した血液が、体外に出ずに体内の組織内にたまってこぶのように腫れ上がった状態。主なものに、皮下血腫や脳硬膜下血腫などがある。

■ 拘縮

関節の動きが悪くなった状態を指す。けがなどで関節を動かさないでいたために、皮膚や筋肉などの組織が伸縮性を失うことで起こる。関節を動かすときに痛みが出る。

■ 血栓溶解療法

脳梗塞の治療法。脳の血管に詰まっている血栓を薬剤で溶かす。「t-PA（組織プラスミノーゲンアクチベータ）」という血栓溶解薬を使用するため、「t-PA療法」ともいう。脳梗塞発症後、4.5時間以内にt-PAを静脈内投与する。

■ 高血圧

生活習慣病のひとつ。原因不明のものを本態性高血圧という。循環器系疾患や脳血管疾患などに影響を及ぼす。

■ 甲状腺機能低下症

甲状腺から分泌される甲状腺ホルモンが減少した状態。甲状腺の腫れ、倦怠感、疲労感、気力低下などの症状、また物忘れや錯乱、動作の緩慢さ、表情が乏しいなどの症状から、うつ状態や認知症と間違われることがある。

■ 骨粗鬆症

骨量が減り、骨がもろくなることで、骨折しやすくなる疾患。女性ホルモンの低下や、ビタミンDの不足、運動不足などが主な原因。閉経後の女性に多く見られる。

■ 在宅酸素療法（HOT）

病状は安定しているが、体の中に酸素を十分に取り込めない人に対して、自宅で酸素を吸入する治療法。「Home Oxygen Therapy」の頭文字をとって「HOT（ホット）」と呼ばれる。肺気腫、間質性肺炎、肺線維症などの呼吸器系疾患が大半を占めるが、神経疾患、がんなどさまざまな疾患が対象となる。

■ 嗄声

音声障害のひとつ。ガラガラ声やかすれた声、弱々しいか細い声などの症状が見られる。原因疾患として、脳血管障害や胸部がんなど、のどの異常以外によっても起こる。誤嚥性肺炎に注意する。

■ サルコペニア

高齢になるに伴い、筋肉量が減少していく現象。ギリシア語で骨格筋の減少を意味し、サルコ（筋肉）とペニア（減少）の造語。個人差はあるが、40歳前後から徐々に減少傾向が見られ、加齢に伴って加速化していく。

■ 酸素吸入器

空気よりも高濃度の酸素を投与するための器具。酸素吸入は、呼吸機能や肺機能が低下している人に対して、動脈血に含まれる酸素の量（動脈血酸素分圧＝PaO_2）を正常に保つために行う。酸素を吸入する器具は、鼻腔カニューレ、フェイスマスク、より高濃度の酸素を投与するリザーバー付きマスクなどがある。

■ ジギタリス中毒

強心剤の一種であるジギタリスの血中濃度上昇により起きる。悪心などの消化器症状、徐脈などの症状がある。ジギタリスは心房細動による頻脈の治療に用いられ、心臓の収縮力を増大させ、心拍数やリズムを調整する作用がある。

■ 徐脈

心拍数が減少し、1分間に50回未満になった状態。全身に酸素が十分行き渡らず、めまい、息切れなどが起こりやすくなる。

■ 人工呼吸器

筋萎縮性側索硬化症（ALS）や筋ジストロフィー、脳血栓などの病気が原因で自発呼吸ができない人の肺に、空気を送り込む装置。鼻マスクによって呼吸を補助する非侵襲的人工呼吸療法と、気管切開して人工呼吸器に接続する侵襲的人工呼吸療法がある。

■ 人工透析

腎不全のため体の中にたまっていく老廃物や、余分な水分を定期的に排出する方法。通院して行う血液透析と、主に在宅で行う腹膜透析がある。糖尿病などの腎不全患者の増加に伴い、在宅自己腹膜灌流法も増加傾向にある。

■ 心不全

血液を全身に送るという心臓の機能が低下した状態。呼吸困難やむくみを伴うことが多いが、自覚症状が乏しい場合もある。意識障害や、精神錯乱症状が出ることもある。

■ 心房細動

不整脈の一種。高齢者によく見られ、心房が細かくふるえ脈が乱れる。心房細動は心臓内での血栓をつくりやすく、脳梗塞の原因となる場合もあるため、血液を固まりにくくするために抗凝固薬を使用することがある。

■ 睡眠時無呼吸症候群（SAS）

睡眠中に無呼吸状態（10秒以上呼吸が止まること）になることで、Sleep Apnea Syndromeの略。筋弛緩により舌根部や軟口蓋が下がり、気道を閉塞することが原因。脳血管障害・重症心不全などによる呼吸中枢の障害で呼吸運動が消失する場合がある。nasal CPAP（continuous positive airway pressure）により、呼気時の気道狭窄を防ぐ。

■ ステロイド薬

体の中の炎症を抑えたり、体の免疫力を抑制する作用のある薬剤。ステロイドホルモン薬ともいう。ステロイドホルモンは、腎臓の上端にある副腎という器官からつくられる副腎皮質ホルモンのひとつ。長期に一定量以上を服用している場合、急に使用を中止するとステロイド離脱症候群に注意が必要である。

■ 前立腺肥大症

高齢者になり前立腺が肥大し、尿道が圧迫されることで、残尿感や頻尿が現れる症状のこと。進行すると、尿閉が起こる場合がある。

■ ダンピング症候群

切除後遺症のひとつで、胃切除手術を受けた患者の15〜30％に起こる。早期は炭水化物が急速に小腸に流出するために、冷や汗、めまい、腹痛、全身倦怠感などの症状が現れる。後期はインスリンの過剰分泌による低血糖になることで、初期と同様の症状が現れる。

■ チアノーゼ

心疾患、肺疾患、喘息発作などにより血液中の酸素濃度が低下し、口唇、顔、手足の爪などが暗紫色に変色する状態。寒さなどによって健康な人にも見られるが、生命の危機が生じているという信号の場合もあり、注意が必要。

■ 中心静脈栄養法 (IVH)

Intravenous Hyperalimentationの略。必要な栄養量を口から摂取できないときに、鎖骨下静脈などから、高カロリー輸液をいれて栄養を補給する方法のこと。アミノ酸やブドウ糖などの高カロリー液が注入される。

■ デブリードメント

壊死、損傷、感染した組織を、メスやハサミで切除すること。創傷の回復を促すための外科的処置で、けがや褥瘡、糖尿病によってできた壊死部位などに対して行う。デブリードメントで創傷を刺激することが、組織の生成を助ける。

■ ドライマウス

唾液の分泌量が減ったために、口やのどが渇き、パンやクッキーが食べにくい、味を感じにくい、口臭がするなどの症状が現れる。主な原因は、加齢、薬剤の副作用、咀嚼力の低下。糖尿病や腎臓病、ストレスなどが影響することも。ドライマウスは口の機能低下の一因になる。

■ ドレッシング材

術後の処置や傷口を保護するために、覆ったり巻いたりするものの総称。傷口の保護、保湿、汚染防止、滲出液の管理など治癒を促す目的で使用する。

■ 尿路結石

腎臓から尿道までの尿路に生じる石のようなかたまり。まず、シュウ酸カルシウム、リン酸カルシウム、尿酸などが尿中で飽和状態となり結晶ができる。次に、それを核にして表面にシュウ酸、リン酸、尿酸が付着して大きくなり結石に。微小な結晶や結石は無症状のうちに尿中に排泄されるが、ある程度大きなものは疼痛や血尿の原因になる。

■ ネフローゼ症候群

多量のタンパクが尿中に出てしまう結果、低タンパク血症が起こりむくみやコレステロールの上昇などが見られる疾患。薬物療法に加え、減塩食の食事治療が必要。

■ 肺気腫

終末細気管支とそれに付随する肺胞が破壊され、異常に拡大してしまった状態。酸素を取り込んで二酸化炭素を排出する、ガス交換の効率が悪化する。呼吸時にゼーゼー、ヒューヒューと音を立てる喘鳴、労作時呼吸困難が生じる。慢性閉塞性肺疾患（COPD）の一病体。

■ パルスオキシメーター

動脈の血液中の酸素量（血中酸素飽和度：SpO_2）を測定する機器。脈拍も表示されるので、呼吸器、循環器の状態が測定できる。携帯用もあり、介護施設や在宅でも使われている。

■ ピック病

若年性認知症のひとつ。脳の前頭葉から側頭葉にかけての部位が萎縮し、性格の変化や理解不能な行動が特徴。うつ病や統合失調症と間違えられることも多い。

■ 腹腔鏡、胸腔鏡

内視鏡のひとつで、先端に付いている対物レンズと照明レンズで体の内部を観察できる。腹腔内に使用するものを腹腔鏡、胸腔内に使用するものを胸腔鏡という。腹腔鏡（胸腔鏡）手術では、腹部（胸部）に小さな穴を数カ所あけ、そこから腹腔鏡（胸腔鏡）のほか、鉗子など専用の手術器具を挿入し、腹腔鏡（胸腔鏡）によってモニターに映し出された映像を見ながら処置を行う。

■ フレイル

年齢に伴って筋力や心身の活力が低下した状態のこと。もともとは弱さ・虚弱という意味の英語で、健康と病気の「中間的な段階」を指す。75歳以上の多くの場合、フレイルを経て徐々に要介護状態に陥ると考えられている。

■ ペースメーカー

徐脈性不整脈の治療に用いられる医療機器。心臓を規則正しく動かすために、人工的に電気信号を発信する。内部に電池と制御回路が収まっている。植え込む位置は一般的に左胸部。6〜12カ月ごとに作動状況をチェックする。ペースメーカーやICD（植え込み式除細動器）を植え込んでいる人のための手帳をペースメーカ手帳、ICD手帳といい、本人の病気と機器の情報、病院での治療内容などを記す。心臓以外の疾患で他院にかかる際や、空港での金属探知機によるセキュリティーチェックの際、万が一意識を失った際などに役立つ。外出時は常に持ち歩くようにする。

■ 膀胱留置カテーテル

自然排尿が難しいときに、膀胱の中に管を留置して持続的に尿を排出させる方法のこと。手術後の創傷部の感染予防のため用いられる。

■ 発赤

皮膚が赤みを帯びること。毛細血管の拡張・充血によって起こる。褥瘡の初期段階ややけどなどで見られる。

■ ラクナ梗塞

皮質下の脳梗塞のうち、大きさが1.5cm以下の小さな脳梗塞のこと。ラクナ梗塞では、梗塞する部分が小さいので、症状が出ないこともあり、発作がないままに脳のあちこちに発生して症状が進行していく場合もある。多発性脳梗塞になると言語障害、歩行障害、嚥下障害、認知症といった症状が現れる。

■ リンパ浮腫

リンパの流れが滞っているために、進行性のむくみが腕や足に現れる。乳がん、子宮がん、卵巣がん、前立腺がん、皮膚がんなどの治療による後遺症のひとつ。手術直後に発症することもあれば、10年以上経ってから発症することもある。リンパドレナージや圧迫療法など適切な治療により改善する。

■ ロコモティブ症候群

骨・関節・筋肉などの運動器（ロコモティブオーガン）の衰えや障害によって、生活の自立度が低下し、寝たきりになったり、要介護になったりするリスクが高まる状態のこと。予防のためには原因となっている病気の治療だけでなく、全身の状態を改善し生活の質を保つようにすることが重要。

巻末資料

索引

アルファベット

ADL ······ 200
CO$_2$ナルコーシス ······ 200
IADL ······ 200
MRSA ······ 100
OTC医薬品 ······ 54

あ

アシドーシス ······ 200
アナフィラキシー ······ 200
アルツハイマー型認知症 ······ 125
胃潰瘍 ······ 66
胃がん ······ 178
インスリン ······ 200
インフルエンザ ······ 17, 98
植え込み式除細動器（ICD）······ 201
うつ病 ······ 136
黄疸 ······ 201
オリーブ橋小脳萎縮症 ······ 201

か

過活動膀胱 ······ 152, 201
喀痰吸引器 ······ 201
かぜ症候群 ······ 98
カニューレ ······ 201
肝炎 ······ 82
肝臓がん ······ 180
肝硬変 ······ 82
間質性肺炎 ······ 90
関節リウマチ ······ 144, 201
感染性胃腸炎 ······ 70
緩和ケア ······ 186
気管支喘息 ······ 86
逆流性食道炎 ······ 68
胸腔鏡 ······ 205
狭窄 ······ 201
狭心症 ······ 106
起立性低血圧 ······ 201

筋固縮 ほか

筋固縮 ······ 201
経管栄養 ······ 201
結核 ······ 92
血腫 ······ 202
血栓溶解療法 ······ 202
高血圧症 ······ 104, 202
拘縮 ······ 202
甲状腺機能亢進症 ······ 120, 202
甲状腺機能低下症 ······ 120, 202
硬膜下血腫 ······ 134
誤嚥性肺炎 ······ 94
骨粗しょう症 ······ 142, 202

さ

在宅酸素療法（HOT）······ 89, 202
嗄声 ······ 202
サルコペニア ······ 146, 202
酸素吸入器 ······ 202
痔 ······ 72
ジキタリス中毒 ······ 203
脂質異常症 ······ 114
湿布 ······ 48
遮光眼鏡 ······ 169
十二指腸潰瘍 ······ 66
褥瘡 ······ 160
食中毒 ······ 102
徐脈 ······ 203
脂漏性皮膚炎 ······ 164
神経因性膀胱 ······ 152
人工呼吸器 ······ 203
人工透析 ······ 203
心不全 ······ 110, 203
腎不全 ······ 148
心房細動 ······ 203
睡眠時無呼吸症候群（SAS）······ 203
睡眠障害 ······ 122
スキンテア ······ 192
ステロイド薬 ······ 203

前頭側頭葉変性症 ……………… 127
せん妄 ………………………… 138
前立腺肥大症 ……………… 150, 203
鼠径ヘルニア …………………… 84

た
帯状疱疹 ……………………… 158
大腸がん ……………………… 182
脱水症 ………………………… 194
胆石症 ………………………… 78
胆のう炎 ……………………… 80
ダンピング症候群 …………… 203
チアノーゼ …………………… 204
中心静脈栄養法 ……………… 204
聴覚障害 ……………………… 172
腸管出血性大腸菌感染症 ……… 17
腸閉塞 ………………………… 76
低体温症 ……………………… 196
デブリードメント ……………… 204
てんかん ……………………… 130
糖尿病 ………………………… 116
床ずれ ………………………… 160
ドライマウス ………………… 204
ドレッシング材 ……………… 204

な
難聴 …………………………… 172
乳がん ………………………… 184
尿路感染症 …………………… 154
尿路結石 …………………… 156, 204
認知症 ………………………… 124
熱中症 ………………………… 195
ネフローゼ症候群 …………… 204
脳血管型認知症 ……………… 125
脳卒中 ………………………… 132
ノロウイルス ………………… 70

は
パーキンソン病 ……………… 128

肺炎（肺炎球菌などによる） …… 96
肺がん ………………………… 176
肺気腫 ………………………… 204
肺結核症 ……………………… 92
敗血症 ………………………… 190
廃用症候群 …………………… 146
白癬 …………………………… 162
白内障 ………………………… 166
パルスオキシメーター ………… 204
皮脂欠乏症 …………………… 164
非神経因性膀胱 ……………… 152
皮膚掻痒症 …………………… 164
ピック病 ……………………… 204
貧血 …………………………… 197
不整脈 ………………………… 108
腹腔鏡 ………………………… 205
浮腫（むくみ） ……………… 191
フレイル ……………………… 147
閉塞性動脈硬化症 …………… 112
ペースメーカー ……………… 205
便秘症 ………………………… 74
膀胱留置カテーテル ………… 205
ポリファーマシー ……………… 38

ま
慢性閉塞性肺疾患（COPD） …… 88
味覚障害 ……………………… 170
メニエール病 ………………… 174

や
腰部脊柱管狭窄症 …………… 140

ら
ラクナ梗塞 …………………… 205
緑内障 ………………………… 168
リンパ浮腫 …………………… 205
レビー小体型認知症 ………… 126
ロコモティブ症候群 ………… 205

【監修者プロフィール】

川邉正和
（かわべ・まさかず）

大阪赤十字病院呼吸器外科を経て、2015年かわべクリニック開院。2018年東大阪プロジェクトを設立。『出会うことで、人が動き出し、ともに未来を変える 〜穏やかなエンディングをみんなで〜』をクレドとして、医療介護職に閉ざさない真の地域包括ケアシステム構築を目指している。

川邉綾香
（かわべ・あやか）

2005年より大阪赤十字病院勤務。終末期患者様が救急搬送に至った経緯を知るなかで、『最期まで住み慣れた自宅で療養できる医療』を目的に、2015年にかわべクリニックを開院。すべてをコーディネートできる看護師の育成に取り組み、数多くの講演活動、ブログでの情報発信を行っている。

【著者プロフィール】

介護と医療研究会 （かいごといりょうけんきゅうかい）

介護・医療関係をテーマに編集・執筆を行うグループ。介護・医療雑誌の取材、執筆などを手がける。介護・医療関係者が在籍し、介護業界をよりよくするために意見を交わしている。

- ●装丁デザイン　西垂水敦・内田裕乃（krran）
- ●本文イラスト　kikii クリモト
- ●DTP　　　　　株式会社 シンクス
- ●執筆協力　　　天野敦子

SHOEISHA iD メンバー購入特典

特典ファイルは、以下のサイトからダウンロードして入手いただけます。

https://www.shoeisha.co.jp/book/present/9784798187211

医療知識＆お薬 介護スタッフのための医療の教科書

2024年9月17日　　初版第1刷発行

著　者	介護と医療研究会
監　修	川邉正和
	川邉綾香
発行人	佐々木幹夫
発行所	株式会社翔泳社（https://www.shoeisha.co.jp）
印刷・製本	中央精版印刷株式会社

©2024 Kaigo to Iryo Kenkyukai, Masakazu Kawabe, Ayaka Kawabe

本書は著作権法上の保護を受けています。本書の一部または全部について（ソフトウェアおよびプログラムを含む）、株式会社 翔泳社から文書による許諾を得ずに、いかなる方法においても無断で複写、複製することは禁じられています。
本書へのお問い合わせについては、2ページに記載の内容をお読みください。
造本には細心の注意を払っておりますが、万一、乱丁（ページの順序違い）や落丁（ページの抜け）がございましたら、お取り替えいたします。03-5362-3705までご連絡ください。

ISBN978-4-7981-8721-1
Printed in Japan